MIGHTY MINI-PLAYS

For the French Classroom

By

Patti Lozano

Translated by

Dr. David Long

12 Short Humorous Plays For Intermediate Level

Dolo Publications, Inc.

The cover illustration was created by Carmen Plott.

Clip art provided by Corel Gallery Magic, Corel Corporation © 1997

Dolo Publications, Inc.
12800 Briar Forest Drive #23
Houston, Texas 77077-2201
(281)493-4552 or (281)463-6694
fax: (281)679-9092 or (281)463-4808
e-mail: dolo@wt.net or plozano@swbell.net

Acknowledgements...

Heartfelt thanks go to...

my husband Alberto for listening to and scrutinizing each plot and dialogue many, many times!

to my mother for her infinite support, endless enthusiasm and inexhaustable editing endeavors!

to Dr. David Long for his passionate interest and linguistic skills in translating these plays from Spanish to French!

to Rose Al-Banna and Hélène Reat for their very valuable time and considerable competence in additional editing and very useful suggestions!

to Barbara Lasater, a wonderful actor and acting coach for young people, for sharing her experiences and expertise with me!

Dedication...

Mom, this book is for you!

Other works by Patti Lozano
[Published by Dolo Publications, Inc.]

Music that teaches Spanish!
More music that teaches Spanish!
Music That Teaches English!
Leyendas con canciones
Mighty Mini-Plays for the Spanish Classroom
Mighty Mini-Plays for the German Classroom

Table of Contents

ACT I
Previews

Synopses and Language Objectives   i

Introduction   v

Introduction (How to Use this Book!)   vii

Introduction (Optional Acting Tips)   xi

ACT II
Mighty Mini-Plays Overviews and Scripts

1. Cas d'urgence dans la classe de français   1

2. Chaîne PAN-ORAMA   7

3. Le livre perdu   13

4. Brigitte   19

5. L'animal parfait   25

6. Les malheurs du jour du mariage   31

7. Arnaud amoureux   37

8. Les vêtements universels   43

9. "Faisons la cuisine avec Charles et Céline"   49

10. Un après-midi avec trois amis   57

11. Le restaurant 'L'Omelette Extraordinaire"   63

12. Les tâches domestiques   71

ACT III

Workshops Offered   77

Ordering Information   79

Mighty Mini-Plays Synopses and Language Objectives

1. Cas d'urgence dans la classe de français

Synopsis: *Madame Dubois is attempting to teach her French class, but the class keeps shrinking as the principal, Monsieur Leblanc, takes more and more students away to other classes and activities.*

Language Objectives:
Vocabulary: classroom objects, school classes, classrooms, school personnel
Structures: simple present tense sentences

2. Chaîne PAN-ORAMA

Synopsis: *Robert du Soleil, television weather anchor for Chaîne PAN-ORAMA, with mounting discontent, checks in with his weather correspondents around the world.*

Language Objectives:
Vocabulary: weather expressions (for example: *la neige, un ouragan*)
Structures: weather-related phrases (for example: *Il fait du soleil. Il fait chaud.*)

3. Le livre perdu

Synopsis: *Serge searches his house in vain for his missing library book as his family waits impatiently to leave for the library.*

Language Objectives:
Vocabulary: objects and furniture in the home
Structures: auxiliary verbs, prepositions

4. Brigitte

Synopsis: *Two simpleminded young men meet a beautiful stranger in the park. They try to coax her into conversation, but she talks about her car in rapturous, mechanical phrases.*

Language Objectives:
Vocabulary: nature
Structures: present tense verb conjugations

5. L' animal parfait
Synopsis: *Laure goes to the pet store to buy the perfect animal companion.*
Language Objectives:
    Vocabulary: domesticated animals
    Structures: descriptive adjectives

6. Les malheurs du jour du mariage
Synopsis: *Marcel tries valiantly against all odds to attend his sister, Françoise's wedding but he arrives too late... or is it too early?*
Language Objectives:
    Vocabulary: downtown buildings and city terms
    Structures: telling time, asking and giving directions

7. Arnaud amoureux
Synopsis: *Arnaud tries every way possible to get Anne to notice him, but she is only interested in her book about cats.*
Language Objectives:
    Vocabulary: body parts, cafeteria foods
    Structures: descriptive adjective agreement

8. Les vêtements universels
Synopsis: *Madame Orsay, the clothing store owner, and her employee, Delphine, desperately try to sell their frugal customer, Monsieur Courde, the amazing "One-fabric-Does-All" clothing.*
Language Objectives:
    Vocabulary: clothing
    Structures: useful phrases for shopping

9. "Faisons la cuisine avec Charles et Céline"
Synopsis: *Charles and Céline are the enthusiastic hosts of the wildly popular and moronic TV cooking show, **"Faisons la cuisine avec Charles et Céline!"** Join them today as they discuss and compare fruits as well as answer inane questions from their fervent, dimwitted studio audience.*
Language Objectives:
    Vocabulary: fruits
    Structures: number/gender agreement of adjectives

10. Un après-midi avec trois amis

Synopsis: *Experience the delightful, mundane adventures of three friends one sunny afternoon.*

Language Objectives:

Vocabulary: adverbs and adjectives (personal descriptions)
Structures: comparatives and superlatives

11. Le restaurant "L'Omelette Extraordinaire"

Synopsis: *Louise has the dubious pleasure of serving breakfast to Monsieur Cauvin and his annoying "friend," Didier.*

Language Objectives:

Vocabulary: breakfast foods
Structures: common phrases for ordering and dining out in a restaurant

12. Les tâches domestiques

Synopsis: *Mom requests help with the chores, but everyone in the family is too busy. Mom has the final revenge.*

Language Objectives:

Vocabulary: household chores, household articles, rooms in the house
Structures: use of the imperative

INTRODUCTION 1: About the introduction

Read this introduction! This is a fun introduction to read. I wrote it in an entertaining style specifically so you will read it! Personally, I don't usually take the time to read textbook introductions, but I would definitely read this one, perhaps over coffee or while lying in a hammock (because it *is* fun.)

If you are in a hurry to get to the plays, go ahead and skip over the serious (i.e. instructionally informative) **"INTRODUCTION 2"** as well as the inspirational, heartwarming **"INTRODUCTION 3."** Jump ahead all the way to the **"INTRODUCTION 4,"** because it is really important, useful and, well, fun!

INTRODUCTION 2: About this book

Mighty Mini-Plays is not lofty drama. It bears scarce resemblance to the revered works of Racine or Camus, and probably ought not even share the same bookshelf space with the mighty Molière! Think of **Mighty Mini-Plays** as "*Saturday Night Live* Meets the French Classroom." In other words, these short plays will not teach your students an everlasting appreciation of classical theater, but they will allow your students to have a marvelously fun time as they act and speak together to bring first and second year French vocabulary and structures to life in ridiculous everyday situations.

Mighty Mini-Plays contains the scripts to twelve mini-productions. You may consider them to be either very short complete plays or very lengthy developed skits. At any rate, all skits are written to be 15 - 20 minutes in length when performed.

The plots and style of dialogue are written to intrigue and entertain middle and high school age students. Several situations deal with pursuit of the opposite sex, some deal with crises at home or in school, and others are parodies of news or talk shows on television.

All plays are meticulously written in present tense. I have given serious attention to keep the conversation flowing naturally in the present tense, even while alluding to events in the past and future. Cases such as the imperfect, progressive and subjunctive are not used, even when they are standard fare in requesting, hoping, explaining and remembering situations. Often "*aller + infinitive*" is used to describe a future action and "*venir de + infinitive*" is used to relay a recent past action. This might occasionally cause a sentence to seem a bit stilted in the conversation. Please understand the reason: it is not that my editors or I do not have command of the spoken language, but that we are determined for these plays to be simple in structure, yet advanced in critical thinking and social skills. **Mighty Mini-plays** are instructionally appropriate for late-first year French students with the support of the classroom teachers as well as second year students working in small groups on their own with minimal assistance.

All pages in the **Mighty Mini-Plays** text are fully reproducible.

INTRODUCTION 3: *How the plays began*

For five years I served as television teacher for an elementary Spanish long-distance program in Houston, Texas. I designed the lessons, wrote the scripts, composed the songs, created the props, taught the Spanish, trained the guest performers, worked the puppets and acted as myself and in other roles in over 250 episodes. (In case you are wondering by now, no, I was not the camera man or the producer.)

Ours was a five year, sequential program. We began the first lesson for first grade with the words, "*Buenos días*" and a song. For the first three years we taught basic first year Spanish vocabulary and simple structures in a fabricated rainforest set with lush plastic vegetation, mangy fake grass and tropical Carribean-looking paper maché parrots hanging everywhere. Strategically placed in this tropical paradise were easels, dry erase boards, felt boards, maps and other equipment common to a language classroom. To capture the interest of my students in classroom video land, I began each day's lesson with a short, silly skit followed by a song. Several puppet companions assisted me daily: a naïve wolf, a highstrung cow and a depressed toucan. Later many more of their friends joined the show. The puppets' distinct personalities developed as the show evolved, which helped me to create skits geared to their individual eccentricities.

By fourth grade, my students needed to put all this vocabulary and structure to practical use, thus our video program consisted of a year-long hypothetical trip to Mexico, ostensibly to search for my annoying iguana puppet's family. Thanks to a federal grant, we were able to use Chroma Key footage, which made it appear as if we *really were* climbing the ruins of Tenochtitlán or ordering a meal in a Guadalajaran restaurant, with mariachis strumming their guitars in the background.

In the fifth grade it was decided that the videos really needed to get students ready for the more structurally oriented language classes of middle and high school. I chose to write a 15 - 20 minute skit, (a "mini-play!") for each video lesson. Each play explored and stressed certain language concepts. Spanish-speaking teacher aides worked with the students in the classrooms before and after they viewed each video to practice targeted vocabulary and structures introduced in that week's lesson.

Now, fifth graders (on up) for the most part do not want to see videos with roles acted by adorable puppets, at least not in public. (I do happen to know personally, having raised a fifth grader, that in the privacy of their own home, they still are tremendously entertained by the Sesame Street brand of humor, which can actually be quite sophisticated.) Pre-adolescents and adolescents through high school love absurd humor, ludicrous and incongruent humor, the humor that one sees on *Saturday Night Live, Mr. Bean* and old *Monty Python* sketches.

My goal was to write 15 - 20 minute long plays that: 1) reinforced the students' Spanish by utilizing familiar structures and vocabulary, 2) were relevant to the students' lives by dealing with everyday issues and occurrences, and 3) held their interest via humorous plots and dialogues with unexpected endings. I often wrote guest roles for student actors who had studied Spanish through this video program, with the result that the phrases had to be fairly simple and direct. Many times the Spanish teachers acted in videos as well!

Because middle school teachers requested the use of these videos in their classrooms, I wrote age-appropriate dialogue and plot line for fifth grade through high school students. This final year of videos was extremely successful and popular with students and teachers alike.

Soon after I heard that teachers were taking my scripts from the videos and adapting them for their classrooms for events such as student assemblies, P.T.A. meetings, summer programs and even just for classroom fun. At first I simply felt flattered, but soon my agitated mind, which is always searching for new projects, thought: why not adapt these skits, add stage directions and make these available to all Spanish, French and German teachers? I eventually chose the twelve favorite video plays of the year, spent nine months rewriting them, adapting them and field testing them in schools, and finally **Mighty Mini-Plays** was born!

My colleague and a respected high school French teacher, Dr. David Long, then translated all the plays, taking special care to also change all Spanish cultural data to that which is pertinent to French teachers and students.

I hope you and your students have as much fun rehearsing and performing these plays as we did!

INTRODUCTION 4: (The important part) How to use this book!

 **Organization**

Each of the twelve plays includes an **Overview** page followed by the script, which is five or six pages long.

The Overview Page

This page, which is written specifically for the teacher's use, contains the sections: **Synopsis, Language Objectives, Production Notes, How to Extend** or **Reduce the Length of the Play** and **Staging Suggestions.** It shares information and insights that the teacher may want to consider before casting the characters and staging the play. Students do not receive a copy of this page.

★ Synopsis

The synopsis contains very short summary of the following play. Every plot has some kind of unexpected twist at the end, designed to surprise and amuse both the actors and the audience, (and you, the teacher, of course!) Sometimes the synopsis describes the plot twist and other times it keeps it under wraps. You may, or may not want to share the synopsis with your students.

★ Instructional Objectives

Usually instructional objectives are listed for both vocabulary and structures and often examples are cited. (Remember: the purpose of **Mighty Mini-Plays** is not to teach new concepts, but to reinforce what has already been introduced during classroom instruction!) For this reason, target vocabulary and structures are not pounded mercilessly into the students' conscience through every spoken dramatic line, but appear occasionally, as they would be spoken in the context of a natural conversation.

Almost every word spoken in these mini-plays is standard first and second year Spanish vocabulary from any middle or high school basal text. Whenever a slightly unusual word is used, an asterik (*) follows it, and an English definition, written in the order of appearance in the text, may be found on the final page of that particular mini-play.

★ Production Notes

The Production Notes provide helpful miscellaneous tips to the teacher, or perhaps in this case we should now bestow upon you the title of "director!" The information in the Production Notes varies, but it is always very important. Make sure you read it before developing the play. Sometimes the style of the play is explained or acting "tips" are suggested for a particular character. Sometimes insights to a character's personality are explored. Often there are suggestions for casting, for creating props and optional backdrops.

★ How To Extend The Length Of The Play

This section gives you several suggestions for each play on how to add to the performance length of the play by creating dialogue for additional sub-plots, characters and situations. There are several situations in which you might want to use the "How to Extend the Length of the Play" section:

✓ You are performing for the student body, P.T.A, elementary school or whatever, and need a full-length play.

✓ You wish to engage all the students in your classroom in the same play and need roles for all students.

✓ You want to further reinforce certain vocabulary and structures through additional dialogue.

There are several ways to create additional dialogue:

✓ You, the teacher, may sit at home in your most creativity-inspiring room with your most creativity-inspired drink and snack in front of you and try your hand as a playwright.

✓ Students, either individually or in small groups may be given a finite length of time to compose dialogue. Each student or group may audition this dialogue with the class, and the students may vote to decide which dialogue will be added to the play.

✓ The class may add dialogue as a large group with the teacher as facilitator and supreme director.

★ How To Reduce The Length Of The Play

At other times you may need to reduce the length of the play for several reasons. For example:

✓ Your students are presenting the play for a competition and have a seven minute performance time limit.

✓ You want your students to memorize the play and you wish to delete a certain amount of dialogue.

✓ You want smaller rehearsing and performing student groups.

In this case suggestions are given for reducing characters' lines without losing the flow and meaning of the plot and sometimes for deleting entire characters. You will instruct students to use a marker to cross out the deleted dialogue on their script copies.

★ Staging Suggestions

Let's talk about the pitifully rendered sketches at the bottom of most

Overview pages. Why, you ask, did the author create such lovely, vibrant stories in such a thoughtful format, and then allow such mediocre artwork? The truth is that the playwright (that's me) is first a teacher, secondly a musician and thirdly (and only in a very broad stretch of the word) an actor. Nowhere in my resumé does the title "artist" appear. These primitive drawings exist to give you an idea of the staging I use when performing these skits with students both in classroom settings and school cateferia/auditorium stages. The drawings represent the placement of students "At Rise," which is an impressive theatrical term that means "when the play begins." Staging directions for student movement after the play begins is always written in italics as it occurs in the dialogue.

Occasionally you are mercifully spared the Staging Suggestions illustration; this happens in the mini-plays where the setting is largely imaginary or optional.

The Script

★ Characters

The characters are always listed, with a minimum of description, in the order of appearance. The students may "flesh" out their roles depending on whether or not you want to get into the true essence of theater arts (as opposed to the true essence of Spanish classroom instruction). The roles for the most part are quite generic. Usually girls can play boys' roles and vice versa. Most roles are designed for the 11 - 16 year old's thought processes and maturity level. Read through the entire play before casting parts to make sure you do not assign anyone anything particularly embarrassing to him or her. Most plays have roles for 4 - 5 students, but you may always create more roles or omit them, if necessary.

★ Setting

Mighty Mini-Plays do not need any elaborate staging! Our goal is not Broadway, but fluid communication. The amount of setting is really up to you and your students. When the play calls for a sofa, if you have a sofa in your classroom, then great! If not, just drape some chairs with a comforter to approximate a sofa. A doorway may be a long piece of brown butcher paper. News anchor desks, TV cooking show countertops and diner counters may all be created with plain fold-up tables. A few plastic potted plants can make a great image of a woodsy park. (I know this from my extensive experience in dense, plastic tropical rainforest sets!) Old linen bedsheets that are painted and butcher paper that is decorated make wonderful optional backdrops that enhance certain moods or create locations.

★ Props

The number of props used in the plays varies tremendously. One play entitled *"Brigitte,"* (actually the most intricate one of them all) only requires two pinecones as props. Other plays need a great deal of sundry, seemingly unrelated items. You should not have to purchase any props. Have volunteers bring items from home for the Spanish class to use for the duration of the play.

It is important to gather all props together in a box before the first rehearsal. Always read through the play to make sure you have all the necessary props, and also to determine where they must be placed for actors to grab them as they need them during the performance.

★ "AT RISE"

"AT RISE" gives you the exact location and occupation of each actor as the play starts. It is also a very impressive, professional-sounding drama word to insert nonchalantly into conversation from time to time.

★ Costumes

Sorry, no costumes. We have enough to do as language teachers, without worrying about costumes! If your students want to wear something special for their role (and some undoubtedly will) that's just great, but it's between you and them. If costumes really excite you, browse through your local assistance ministry and charity stores, as well as garage sales and flea markets for great costume clothes at next-to-nothing prices.

INTRODUCTION 5: Acting Tips (This section is optional!)

If you have read the introduction up to this point, you have now the essential information necessary to develop these mini-plays with your students. If you are eager and anxious to immediately begin your rehearsal, skip this section and jump on to the first play, which is entitled *"Cas d'urgence dans la classe de français."* However, if you have become inspired and the bright lights of Broadway beckon you, take a moment more to read the following acting tips.

    Actually you and I are already actors. We act every day as we teach second languages. We act as we teach nouns, verbs, adjectives, prepositions, expressions and just about everything. We hold our students' attention because we are interesting to watch. (I'm not sure I like how that sentence came out.) The following are some additional acting tips that I've learned from my years as instructional video teacher and actor, and by listening to my three school-age sons, who are all very active in community theater.

 # ACTING TIPS

1. ***Acting is believing.*** You are not only playing the role of the Martyred Mother, the Frantic Suitor, the Perky Waitress or the Angry Customer. You become that person. You step into their skin and feel what it's like to be someone else.

2. ***Acting is a voice.*** Always project your voice to the back of the theater (or auditorium, cafeteria or classroom.) Try to make your voice flexible: experiment with intensity, pitch and rhythm. Enhance emotions with exaggerated inflections. Always make sure your words are clear and distinct, especially your beginning and ending consonants.

3. ***Acting is thought.*** Think about the meaning of your lines, no matter how many times you say them. Say your lines more slowly than you do in real life because your audience needs time to digest your information. Remember that you've heard your lines many times, but your audience only gets the opportunity to make sense of your words once.

4. ***Acting is movement.*** All action on the stage should be "big!" Emphasize your words and actions with gestures and movement. Do not make unnecessary movements like scratching your face or tapping your foot, because the audience will watch that instead of the story.

5. ***Acting is focus.*** Always focus on the character to whom you are talking. Always make eye contact with him or her, unless the director or script instructs you otherwise.

6. ***Acting is creativity.*** You are often given very little insight into your character. (This is especially true in short works, such as mini-plays!) Use your imagination to create your character. What does she do in her leisure time?

What kind of temperament does he have?

Create the physical aspects of your character as well. What kind of walk does she have? Does he slouch on a couch or sit ramrod straight? Does he sigh a lot, sniff daintily, or clear his throat loudly?

7. **Acting is fun!** This is the final and most important advice! Acting is fun because it allows you to step out of your skin and be someone else for a little while. Acting lets you react to situations and people in unusual ways without fear of reprisal. Acting is the joy of the feel and power of words, as Shakespeare said it so well, "...trippingly on the tongue." Acting is speaking with strangers who become friends as you work and play together to perfect a scene. Acting is creating a fine art out of the everyday process of communication.

I have only one more bit of advice for you now, and that is for you and your students to "BREAK A LEG!" when you perform these mini-plays, and always have a great time doing so!

Patti Lozano

1. Cas d'urgence dans la classe de français
✍ Overview ✍

SYNOPSIS: Madame Dubois is attempting to teach her French class, but the class keeps shrinking as the principal, Monsieur Leblanc, takes more and more students away to other classes and activities.

> **Language Objectives:**
>   **Vocabulary:** classroom objects, school classes, classrooms, school personnel
>   **Structures:** simple present tense sentences

PRODUCTION NOTES:

Madame le Professeur, Madame Dubois, has the most demanding role with many lines to memorize. She may want to hold a "roll book" in her hands during the play in order to hide her script.

All roles in this play may be played by either boys or girls.

TO EXTEND THE LENGTH OF THE PLAY:

Create additional roles for students in Madame Dubois' classroom, along with additional reasons for interruptions and removal of students from the Spanish classroom. Add more classroom objects, school personnel and school courses to the script.

TO REDUCE THE LENGTH OF THE PLAY:

Omit one or more of the student characters from the script:

STAGING SUGGESTION:

1

1. Cas d'urgence dans la classe de français

CHARACTERS: 8 Actors
MADAME LE PROFESSEUR (Madame Dubois, the French teacher)
Students: (CHARLES, MARIE, JEAN-MARC, PIERRE, MÉLANIE, LISE)
MONSIEUR LEBLANC (the principal)

SETTING: A classroom with a chalkboard, teacher desk, 6 student desks and a door

PROPS: chalk, eraser, large map of Europe, pointer, clipboard, textbooks, a tennis racket

AT RISE: *MADAME LE PROFESSEUR is standing at the front of her classroom. The students are seated in chairs at desks in front of her. A large map of Europe is displayed on the wall or chalk board next to her.*

MADAME: Bonjour, tout le monde. Aujourd'hui on va étudier les pays d'Europe leurs capitales. Ouvrez vos livres de géographie à la page 112, s'il vous plaît.

CHARLES *(Raises hand)*

MADAME: Oui, Charles?

CHARLES: Madame, désolé, mais je n'ai pas mon livre de géo.

MADAME: Alors, où est ton livre de géographie?

CHARLES: Je ne sais pas, Madame, mais j'ai mon livre de maths!

MADAME: Très bien, Charles, mais on n'est pas dans la classe de maths! On est dans la classe de géographie!

CHARLES: Oui, Madame.

MADAME: Mélanie, est-ce que tu as ton livre de géographie?

MÉLANIE: Oui, Madame.

MADAME: Alors, Charles, tu vas suivre avec Mélanie. *(Pauses and watches as CHARLES moves noisily next to MÉLANIE)* Bon. Aujourd'hui on va étudier les pays d'Europe et leurs capitales. On va regarder la carte. Vous savez que ce grand continent s'appelle l'Europe, n'est-ce pas? Maintenant, *(Scans class)* Lise Rouget, ce pays-ci, c'est quoi?

LISE *(Unsure):* C'est la Belgique?

MADAME: Exactement! Très bien. Et quelle est la capitale de la Belgique? *(Interrupted by a knock at the door)* Oui, entrez, s'il vous plaît.

MONSIEUR LEBLANC *(Enters, students suddenly sit straight, MADAME becomes a bit nervous and formal)*

MADAME: Monsieur Leblanc, quelle surprise!

MONSIEUR LEBLANC: Excusez-moi, Madame Dubois, Je ne veux pas interrompre votre leçon, mais est-ce que *(Consults clipboard)* Lise Rouget est présente aujourd'hui?

MADAME: Oui, Monsieur, elle est là.

MONSIEUR LEBLANC: Lise, votre mère est au bureau parce que vous avez un rendez-vous.

LISE: Ah, oui, j'ai un rendez-vous chez le dentiste. Au revoir, Madame! A demain! *(Gathers books and exits)*

MADAME *(Calls after her):* Lise, prends ton livre de géographie! Lis la leçon dans le bureau du dentiste! *(Scans room again)* Louis, s'il te plaît, réponds à la question.

LOUIS *(Hesitates):*   Quelle question, Madame?

MADAME: Voici la question encore, Louis—"quelle est la capitale de la Belgique?"

LOUIS: Je ne sais pas . . . on est à quelle page?

MADAME: On est à la page 112.

LOUIS: Merci, Madame. *(Finds page and reads)*   La capitale de la Suisse c'est Berne.

MADAME: Très bien, Louis, c'est exact, mais la question est "quelle est la capitale de la Belgique?"

LOUIS *(Prepares to answer when he is interrupted by another knock)*

MADAME *(A bit annoyed):* Oui, entrez, s'il vous plaît.

MONSIEUR LEBLANC: *(Enters, students once again sit up straighter, MADAME looks perplexed)*

MADAME: Bonjour, Monsieur Leblanc. Encore?

MONSIEUR LEBLANC: Excusez-moi, Madame Dubois. Je ne veux pas interrompre votre leçon, mais —*(Consults his clipboard)* est-ce que Louis Bertrand est présent aujourd'hui?

MADAME: Oui, Monsieur, il est là.

MONSIEUR LEBLANC: Très bien. Louis, allez au gymnase. On va prendre des photos de notre équipe de football.

LOUIS: Les photos de l'équipe de foot pour le journal? Aujourd'hui?

MONSIEUR LEBLANC: Oui. *(Glances at his watch)* Dans dix minutes!

LOUIS: Alors, il me faut mon ballon de foot.((*Gets soccer ball from under desk)* Vite! En route! *(Runs out)*

MADAME *(Calls after him):* Mais Louis, quelle est la capitale de *(The door slams, silence, then MADAME says dryly)* la capitale de la Belgique est Bruxelles. Bon, on va continuer. Comment s'appelle ce petit pays au centre de la carte? *(Points to Luxembourg)* Pierre?

PIERRE: *(Raises hand and waves enthusiastically)*

MADAME: Oui, Pierre!

PIERRE: On prend des photos de l'équipe de rugby aussi, Madame?

MADAME: Pierre, ce n'est pas la classe de gym ici—je ne sais pas du tout! On est la classe de géographie ici. *(Once again interrupted by knocking, she calls out angrily)* Alors, quelle est—

MONSIEUR LEBLANC: Excusez-moi, Madame Dubois. Je ne veux pas interrompre encore votre leçon *(Chuckles, oblivious to MADAME's frustration),,* mais est-ce que *(Consults clipboard)* Pierre Laval est présent aujourd'hui?

MADAME: Oui, Monsieur, il est là.

MONSIEUR LEBLANC: Pierre, il y a un problème avec votre examen de la classe de mathemathiques. Le professeur veut parler avec vous maintenant. Apportez votre livre de maths, votre cahier, votre crayon, et votre calculatrice.

PIERRE: Oui, Monsieur.

MADAME: *(Watches dejectedly as PIERRE exits, looks at the students left in class, and then asks with forced brightness)*: Bon, Marie, quelle est la capitale de Luxembourg?

LISE: La capitale de Luxembourg est—*(Is interrupted as the door flies open)*

MONSIEUR LEBLANC *(Enters frantically):* Excusez-moi, Madame Dubois. Je ne veux pas interrompre votre leçon encore, mais *(Consults clipboard)* est-ce que Marie Thibault est présente aujourd'hui?

MADAME: *(Taken aback):* Oui, Monsieur, elle est là.

MONSIEUR LEBLANC *(Breathlessly, waving arms):* La classe de sciences! Il y a un cas d'urgence! Allez vite! C'est votre expérience!

4

MARIE *(Jumps out of seat, with sudden fear):* Monsieur Leblanc, il y a un problème dans la classe de sciences avec mes serpents?

MONSIEUR LEBLANC: Oui, Marie! *(Breathes deeply, tries to compose himself)* Vos serpents ne sont plus dans l'aquarium. Il y a des serpents dans les pupitres, dans les ordinateurs—et maintenant les serpents vont à la cantine et à la bibliothèque!

MARIE: Oh, non! Mes pauvres serpents! Au revoir, Madame! *(MARIE and MONSIEUR LEBLANC exit quickly)*

JEAN-MARC *(Springs to life, jumps out of his seat):* Serpents! Vraiment? Quelle horreur! Maintenant ils vont à la cantine! Je veux les voir! *(Runs to door, stops, turns to MADAME)* Désolé, Madame. Á demain!

MADAME *(Pauses and regards her one remaining, and very attentive, student):* Melanie, quelle est la capitale de Luxembourg?

MÉLANIE: *(Raises hand self-importantly)*

MADAME *(Exasperated):* Mélanie, pourquoi lèves-tu la main? Regarde la classe de géographie! Il n'y a pas d'élèves! Lise est au bureau, Louis est au gymnase, Pierre est dans la classe de maths, Marie est dans la classe de sciences, et Jean-Marc, qui sait où il est. Bon, Mélanie, quelle est la capitale de Luxembourg?

MÉLANIE *(Looks around, stands up majestically with book):* Madame, la capitale de Luxembourg est *(Interrupted by the bell)* La cloche!* Madame, la classe de géo est finie! Je vais à la classe d'histoire. Au revoir! *(Exits)*

MADAME *(To the empty chairs, points to the map):* Alors, la capitale du Luxembourg, c'est Luxembourg!!!!

LA FIN

VOCABULAIRE (in order of appearance in the play)

la cloche   *the bell*

NOTE: There are no other vocabulary words included that are not commonly used at this level of French.

2. Chaîne PAN-ORAMA
❋ Overview ❋

SYNOPSIS: Robert du Soleil, television weather anchor for Chaîne
PAN-ORAMA checks in with his weather correspondents around
the world.

LANGUAGE OBJECTIVES:
Vocabulary: weather expressions: ex. la neige, un ouragan
Structures: related phrases: Il fait du soleil. Il fait chaud.

PRODUCTION NOTES:
The focal point of the "stage" is the anchor desk. An attractive
sign, which is hung either behind or from the desk, announces "Chaîne
PAN-ORAMA."

Other areas of the classroom or stage represent the beach on the
French island of Martinique, a ski resort in Chamonix, France and
Disneyland in Paris.

TO EXTEND THE LENGTH OF THE PLAY:
Add more news correspondents in other parts of Europe,
reporting additional weather patterns.
Add roles for cameramen in Chicago and in remote locations.

TO REDUCE THE LENGTH OF THE PLAY:
Delete the role of one or more reporters.

STAGING SUGGESTION:

Chaîne PAN-ORAMA

2. *Chaîne PAN-ORAMA*

CHARACTERS: 5 Actors

    ROBERT DU SOLEIL (Chaîne PAN-ORAMA proud weather anchor)
    MARIE BROUILLARD (visiting cousin from France)
    SOLANGE CHAUDTEMPS (Martinique weather correspondent)
    JULIEN GRÊLE (Chamorix, France weather correspondent)
    MARC ECLAIR (Paris, France weather correspondent)

SETTING: A news anchor desk with a large Chaîne PAN-ORAMA sign, various areas of the classroom decorated with signs, posters, and/or props to represent: a sunny resort on the French island of Martinique; a trendy ski resort at Chamonix, France; Disneyland Paris amusement park.

PROPS: ROBERT DU SOLEIL and MARIE BROUILLARD each need: earphones, suitcase, a few items of miscellaneous clothing to pack hastily. ROBERT DU SOLEIL also needs papers to shuffle. MARIE BROUILLARD: microphone, sun lotion, sunglasses; JULIEN GRÊLE: microphone, huge plate of food, a large drink. MARC ECLAIR: microphone, a sun visor

AT RISE: *ROBERT DU SOLEIL is seated behind PAN-ORAMA anchor desk, shuffling his weather report papers. MARIE BROUILLARD is seated next to him. Their suitcases and extra clothing are hidden under the desk, their earphones lie on the anchor desk in front of them.*

ROBERT DU SOLEIL: *(Talking to camera in a jovial, resounding anchorman voice)* : Bonjour, messieurs 'dames. Je m'appelle Robert du Soleil, météorologue ici à Chaîne PAN-ORAMA, votre chaîne favorite , la chaîne qui aujourd'hui et tous les jours annonce uniquement la météo du monde francophone. Aujourd'hui j'ai le plaisir de vous présenter ma cousine. Elle s'appelle Marie Brouillard. Elle vient de France pour connaître notre ville de Chicago. Je vous présente Marie Brouillard!

MARIE BROUILLARD: Merci, Robert! C'est un plaisir d'être ici.

ROBERT DU SOLEIL: Marie, quel temps fait-il aujourd'hui en France?

MARIE BROUILLARD: Oh! En France aujourd'hui il fait très mauvais temps. Il pleut partout dans le pays.

ROBERT DU SOLEIL: Alors, Marie, tu as de la chance d'être ici. *(Consults papers)* Il fait beau presque tout le temps ici!

MARIE BROUILLARD: Très bien! Robert, quel temps fait-il aujourd'hui?

ROBERT DU SOLEIL: Voyons. Aujourd'hui ici il y a des nuages et il fait du vent . . . Bon, Marie, nous allons commencer l'émission.* Où allons-nous aujourd'hui?

MARIE BROUILLARD: Hmmm. . . Allons voir le temps qu'il fait dans la belle île de la Martinique aux Antilles!

ROBERT DU SOLEIL: La Martinique! Excellent! *(Puts on earphones)* Parlons avec notre correspondant à la Martinique, Marie. Vous êtes là? Vous m'entendez?

SOLANGE CHAUDTEMPS: *(lying on beach, is applying sun lotion, microphone between knees)*

ROBERT DU SOLEIL: Solange? Vous êtes là? Vous m'entendez? Solange!

SOLANGE: *(Suddenly grabs mike, removes, sunglasses, gets professional):* Bonjour, Robert! Ça va? Quel temps fait-il là-bas à Chicago?

ROBERT DU SOLEIL: Il y a des nuages et il fait du vent. Quel temps fait-il à La Martinique?

SOLANGE CHAUDTEMPS: Oh, la situation ici est très grave. Il fait chaud. Il fait très chaud! Robert, il y a beaucoup de monde ici avec moi à la plage. Ils n'ont pas d'énergie parce qu'il fait si chaud.

MARIE BROUILLARD *(Puts on her earphones):* Oh, les pauvres!

ROBERT DU SOLEIL: Quelle horreur! Qu'est-ce que les gens font quand il fait si chaud, Solange?

SOLANGE CHAUDTEMPS: Ils souffrent beaucoup! Ils ont très soif. Ils boivent beaucoup de limonade.

MARIE BROUILLARD: Il fait du soleil aussi?

SOLANGE CHAUDTEMPS: Ah, oui. Il y a beaucoup de soleil. C'est une situation grave.

MARIE BROUILLARD: J'en suis désolée.

SOLANGE CHAUDTEMPS: Oui. Et il y a une autre chose.

9

MARIE BROUILLARD: Dis-moi, Solange.

SOLANGE CHAUDTEMPS: Il fait si chaud et il y a tant de soleil qu'ils
ne peuvent pas se couvrir le corps avec beaucoup de vêtements.
Imagine! Quelle honte!

ROBERT DU SOLEIL *(Wistfully):* Oui, Solange, je peux l'imaginer.

SOLANGE CHAUDTEMPS: Elles ne portent que de petits bikinis,

ROBERT DU SOLEIL: Oh, quelle horreur! Solange, je peux t'aider? Je vais à
l'aéroport tout de suite!

MARIE BROUILLARD *(Scandalized)*: Robert!

SOLANGE CHAUDTEMPS: Non, non, non, non, Robert. C'est ma
responsabilité. Merci. Maintenant, je vais profiter, ou plutôt,* souffrir
du soleil avec les autres. Ici Solange Chaudtemps, en direct de la
Martinique. Au revoir!

ROBERT DU SOLEIL *(Sighing):* Maintenant nous retournons à la Chaîne
PAN-ORAMA, Chicago, votre chaîne favorite, la chaîne qui
aujourd'hui et tous les jours annonce uniquement la météo* du
monde francophone. Je m'appelle Robert du Soleil et voici ma cousine
Marie Brouillard.

MARIE BROUILLARD: Robert, quel temps fait-il maintenant ici?

ROBERT DU SOLEIL: Voyons. *(Reads report)* Le ciel est couvert et il fait
du vent.

MARIE BROUILLARD: *(After a pause, brightly)* Et où allons-nous
maintenant, Robert?'

ROBERT DU SOLEIL: On va parler avec notre correspondant à Chamonix,
France, mon ami, Julien Grêle. Julien, tu es là?

JULIEN GRÊLE: *(Sitting inside a restaurant, stuffing himself with food and
drink, microphone lies on table)*

ROBERT DU SOLEIL: Julien! Julien Grêle! Tu m'entends?

JULIEN GRÊLE *(Grabs mike, wipes mouth, becomes professional):* Robert?
Bonjour, mon ami! Ça va? Quel temps fait-il là-bas?

ROBERT DU SOLEIL: Le ciel est couvert et il fait du vent. . . comme toujours.
Et il fait quel temps là-bas?

JULIEN GRÊLE: Oh, c'est horrible! Il fait froid. Il fait très, très froid. Et il
neige. Je suis ici aux Alpes *(Peers out imaginary window)*, et oui, il
neige toujours. *(Takes big bite of food)*

ROBERT DU SOLEIL: Mais, où es-tu? Tu es dans un restaurant?

JULIEN GRÊLE: Oui. Robert, il fait très froid, et c'est pourquoi je suis dans un restaurant. Maintenant j'ai un bon déjeuner, parce qu'il fait très froid dehors.*

MARIE BROUILLARD: Il fait mauvais temps alors? Presqu'une tempête?

JULIEN GRÊLE: Non, à vrai dire il fait beau. Il fait du soleil, mais il fait tres froid. C'est horrible! *(Takes another bite of food)*

MARIE BROUILLARD: Pourquoi horrible, Julien?

JULIEN GRÊLE: Parce que les gens souffrent beaucoup. Ils entrent dans le restaurant après le ski. Ils ont très froid avec les visages* rouges. Alors ils boivent beaucoup de tasses de chocolat pour chasser le froid.

ROBERT DU SOLEIL: Tu dis que les gens font du ski, Julien?

JULIEN GRELE: Bien sûr. Il est difficile de marcher dans la neige, donc il faut faire du ski pour descendre de la montagne. Et non seulement pour les hommes, Robert, mais pour les femmes et les enfants aussi!

MARIE BROUILLARD: Vas-tu faire du ski, Julien?

JULIEN GRÊLE: Oh non! Je suis ici pour travailler. De ma table, je vois la montagne. Quand le temps change, je le vois tout de suite. Et puis, c'est presque l'heure du dîner. Je m'appelle Julien Grêle, en direct de Chamonix en France.

ROBERT DU SOLEIL *(Depressed):* Maintenant nous retournons à Chaîne PAN-ORAMA, votre chaîne favorite, la chaîne qui aujourd'hui et tous les jours annonce uniquement le temps du monde francophone.

MARIE BROUILLARD: Robert, maintenant quel temps fait-il ici à Chicago?

ROBERT DU SOLEIL: Voyons. *(Reads report dully)* Il fait toujours du vent et il y a des nuages, mais maintenant il pleut aussi.

MARIE BROUILLARD *(Pauses, sighs):* Où allons-nous maintenant, Robert?

ROBERT DU SOLEIL *(Sourly)* Ça m'est égal.

MARIE BROUILLARD *(Brightly):* Allons à Disneyland Paris!

ROBERT DU SOLEIL: D'accord. Parlons avec notre correspondant Marc Eclair. Marc! Tu es là?

MARC ECLAIR: *(Lying in the grass, arms behind head, dozing, mike on chest)*

ROBERT DU SOLEIL: Marc! Marc Eclair! Tu m'entends? Tu es là?

MARC ECLAIR *(Sits up suddenly, grabs mike, becomes professional):* Robert du Soleil? Bonjour! Ça va? Quel temps fait-il là-bas?

ROBERT DU SOLEIL *(Glaring):* Il y a des nuages, il fait du vent, et maintenant il pleut. Pourquoi? Quel temps fait-il à Disneyland Paris?

2.5

MARC ECLAIR: Il fait beau. Il ne fait pas chaud. Il ne fait pas froid. Il n'est pas couvert. Mais, c'est horrible!

ROBERT DU SOLEIL: Pourquoi?

MARC ECLAIR: Je suis ici dans le parc à Disneyland Paris. Toutes les familles ici s'amusent. Ils jouent, ils chantent. Ils ne savent pas le danger qui les attend.

MARIE BROUILLARD (Alarmed):: Quel danger, Marc? Un ouragan?* Un orage?*

MARC ECLAIR: Non, Marie. Des fourmis.*

MARIE BROUILLARD: Des fourmis!

MARC ECLAIR: Oui, des fourmis. Depuis une demi-heure--neuf fourmis sur mes jambes et encore cinq de plus sur mes bras!

ROBERT DU SOLEIL (Dully): Des fourmis?

MARC ECLAIR (Grimly): Oui, Robert. Pendant que tu es là-bas, derrière ton bureau, je suis dehors dans le monde plein de dangers. Mais je ne me plains* pas. C'est la vie d'un correspondant. Robert, Marie, au revoir. Ici Marc Eclair en direct de Disneyland Paris.

ROBERT DU SOLEIL (Places suitcase on desk, stuffs it with clothing as he speaks): Maintenant nous retournons à Chaîne PAN-ORAMA, votre chaîne favorite, la chaîne qui aujourd'hui et tous les jours annonce uniquement le temps du monde francophone. Je m'appelle Robert du Soleil et voici ma cousine Marie Brouillard. (Quickly exits with suitcase)

MARIE BROUILLARD (Pauses, then addresses camera awkwardly): Maintenant ici le temps est couvert, il fait du vent, et il pleut à verse.* (Stamds. rabs her suitcase, and calls) Robert, attends-moi! Je vais avec toi! Où allons-nous? (Runs after ROBERT DU SOLEIL, and Exits)

LA FIN

VOCABULAIRE (in order of appearance in the play)

l'émission	the program	un ouragan	a hurricane
plutôt	rather	un orage	a thunderstorm
la météo	the weather	se plaindre	to complain
dehors	outside	la fourmi	the ant
le visage	the face	il pleut à verse	it pours (rain)

3. Le livre perdu
* Overview *

SYNOPSIS: Serge searches his house in vain for his missing library book as his family waits impatiently to leave for the library.

LANGUAGE OBJECTIVES:
 Vocabulary: objects and furniture in the home
 Structures: auxiliary verbs, prepositions

PRODUCTION NOTES:
 The classroom "stage" should resemble a living room as closely as possible. Chairs may be draped with comforters and cushions to look like sofas and armchairs. Ask students to bring fabric to hang for curtains and common living room furnishings such as a throw rug, a vase, a potted plant, and so on, to complete a comfortable living room area.

TO EXTEND THE LENGTH OF THE PLAY:
 Add more places for Serge to search for his book. Add more ridiculous objects for him to find instead of his book.
 Add a napping father on the living room sofa who always groggily wants to know what Serge is doing all around the living room.

TO REDUCE THE LENGTH OF THE PLAY:
 Reduce the number of places Serge looks for his book.
 Delete the kitchen section and instead have Serge ultimately find his book in the living room.

STAGING
SUGGESTION:

3. Le livre perdu

CHARACTERS: 4 ACTORS
    MAMAN
    SERGE (a twelve year old boy)
    JACQUES (his older brother)
    CAROLINE (his older sister)

SETTING: a comfortable living room: contains a sofa, an armchair, drapes, a coffee table, a television set, a rug (any size, situated under the armchair)

PROPS: MAMAN, JACQUES and CAROLINE each need to hold a pile of books. To be placed in living room prior to play and according to script: a mechanical pencil, a hairbrush, a piece of chocolate cake, 2 toy cars, some loose change, shoes, socks, a TV remote control, a small photo, a tiny key
Off-stage: a purse, a large colorful book on insects

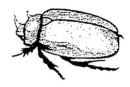

AT RISE: *JACQUES and CAROLINE stand in the living room, each holding a pile of books:.*

CAROLINE (*Calling to Maman who is off stage*):   Maman! Il faut que Jacques et moi partions pour la bibliothèque maintenant. Ça ferme dans une heure!

JACQUES: Maman! Il faut que je rende des livres.

CAROLINE: Et moi, il faut que je cherche un livre sur les inventeurs célèbres pour mon projet d'histoire.

MAMAN (*Enters with a pile of books in her arms*): Très bien, mes enfants. Moi aussi, il faut que j'aille à la bibliothèque. Il faut que je rende ces livres aujourd'hui. Où est votre frère?

JACQUES: Je ne sais pas. Serge! Où es-tu?

SERGE: (*From off-stage*): Je suis dans ma chambre!

MAMAN: Et qu'est-ce que tu fais dans ta chambre?

SERGE: Rien — j'écoute de la musique à la radio.

MAMAN: Alors, viens! Nous allons tous à la bibliothèque.

14

SERGE *(From off stage)*: Je ne veux pas aller à la bibliothèque aujourd'hui. Je veux écouter de la musique à ma radio.

MAMAN: Désolé, Serge, mais tu vas avec nous à la bibliothèque quand même. Il faut que nous rendions tous les livres aujourd'hui. Apporte tes livres.

CAROLINE: Dépêche-toi, Serge! La bibliothèque va bientôt fermer.

SERGE *(Enters slowly)*: Je n'ai qu'un livre de la bibliothèque. Le voici, au salon.

MAMAN: Alors, apporte-le. Il se fait tard. Nous sommes pressés.*

SERGE *(Looks around)*: Où est mon livre?

JACQUES: Tu es bête. Comment savons-nous? Comment s'appelle ton livre?

SERGE: Mmm . . . je crois qu'il s'appelle **"Le monde fantastique des insectes"**

MAMAN: Alors, Serge, cherche ton livre sur la table.

SERGE *(Looking through a pile of books on the table)*: Il y a beaucoup de livres sur la table, mais mon livre d'insectes n'est pas là.

MAMAN: Alors, cherche sous la table.

SERGE *(Looks under the table, then answers)*: Non, mon livre d'insectes n'est pas sous la table, mais regarde! Il y a une très jolie trousse. *(Starts to play with it)*

JACQUES: C'est ma trousse, et elle est neuve! Donne-la-moi! *(Grabs it away from him)*

MAMAN: Pourquoi est-ce que tu ne cherches pas ton livre sur le divan?

SERGE *(Looks on sofa)*: Non, mon livre d'insectes n'est pas sur le divan, mais regarde! il y a une brosse bleue! *(Starts to brush his hair)*

CAROLINE: Serge! C'est ma brosse! Tu as les cheveux sales.* Tu ne peux pas utiliser ma brosse. Donne-la-moi! *(She grabs it away from him)*

MAMAN: Peut-être ton livre est dans le sofa, entre les coussins.* Lève les coussins et cherche ton livre là-bas.

SERGE *(Looks between and under the cushions)*: Non, je ne vois pas mon livre trois pièces d'argent*. . . deux petits jouets*. . . et une photo de Maman qui porte son maillot de bain à la plage!

MAMAN: Serge, donne-moi cette photo! *(She grabs it away from him, he starts to bite into one of the cookies)*

CAROLINE: Serge, qu'est-ce que tu fais maintenant?

SERGE: Je vais manger les bonbons.

CAROLINE: Ces bonbons sont très vieux, Serge, et la bibliothèque va fermer dans quarante minutes. S'il te plaît, cherche ton livre!

SERGE: Alors, où est mon livre?

MAMAN: Je ne sais pas, Serge. Cherche sur le tapis,* autour du fauteuil.*

SERGE (*Crawls around the upholstered chair*): Non, mon livre d'insectes n'est pas sur le tapis autour du fauteuil, mais regarde! Voici la télécommande* du téléviseur!

JACQUES: Excellent! C'est la télécommande perdue! Je vais regarder le match de football! (*He takes the TV remote control and flops himself down on the upholstered hair*)

CAROLINE: Jacques, lève-toi! Il faut que nous allions à la bibliothèque.

JACQUES: Oui, je sais . . . mais Serge n'a pas encore son livre, n'est-ce pas? Pendant qu'il le cherche, je vais regarder le match à la télé.

MAMAN (*Irked*): Mets la télécommande au-dessus* du téléviseur, Jacques. Tu ne vas pas regarder le match de foot maintenant. Serge, pourquoi tu ne cherches pas ton livre d'insectes près des rideaux?*

SERGE: D'accord. . . je vois des chaussures près des rideaux. . . et les chaussettes d'Olga, et regarde! Une petite clé!*

CAROLINE (*Grabs it away*): C'est ma clé! Elle est très importante. Donne-la-moi!

MAMAN: Et ton livre, Serge?

SERGE: Non, mon livre d'insectes n'est pas là..

MAMAN: Est-ce que tu cherches devant les rideaux ou derrière?

SERGE: Je cherche devant les rideaux.

MAMAN: Alors, cherche donc derrière les rideaux.

SERGE (*Complaining*): Maman, j'ai sommeil.

JACQUES: Moi aussi. Je veux voir le match de foot à la télé.

MAMAN: Serge, cherche ton livre derrière les rideaux. (*Exasperated*) Pourquoi est-ce que tu ne t'occupes pas de tes choses? S'occuper des livres de la bibliothèque c'est ta responsabilité, Serge.

CAROLINE: Maman, la bibliothèque va fermer dans vingt-cinq minutes!

MAMAN: Oui, je le sais, ma fille.

SERGE (*Sighing*): Derrière les rideaux il y a. . .une fourchette. . .des lunettes. . .un biscuit. . .et un cafard* mort, mais mon livre d'insectes n'est pas là. Jacques, tu veux manger le biscuit?

JACQUES: C'est au chocolat?

CAROLINE (*Turns away in disgust*): Oh, quelle horreur!

MAMAN: Serge, je suis très sérieuse maintenant. Cherche ton livre maintenant, s'il te plait!

CAROLINE (*Whining*): Maman, la bibliothèque va fermer dans vingt minutes.

SERGE: Je ne sais pas le chercher. Mon livre d'insectes n'est pas ici dans le salon.

JACQUES: Peut-être le livre de Serge est dans la salle de bains.

SERGE *(Angrily to JACQUES):*   Non, je ne lis pas dans la salle de bain!

MAMAN: Jacques, ne le dérange pas, s'il te plaît. *(To SERGE)* Alors, je ne sais pas, moi non plus. Ton livre n'est ni au-dessus, ni au-dessous de la table. Il n'est pas entre les coussins du sofa. Il n'est ni devant ni derrière les rideaux. Il n'est pas sur le tapis autour du fauteuil.

CAROLINE: Maman! La bibliothèque va fermer dans quinze minutes!

MAMAN: Serge, il faut que nous allions à la bibliothèque sans ton livre. Et je suis très fâchée* avec toi. Apporte-moi les clés de la voiture, s'il te plaît.

SERGE: Où sont les clés de la voiture?

MAMAN: Elles sont dans mon sac, comme toujours.

SERGE: Alors, où est ton sac?

MAMAN: Il est dans la cuisine, bien sûr, sur l'annuaire téléphonique.*

SERGE *(Exits to get purse and keys, then returns with all items):* Oui, Maman. Les clés sont dans le sac, et le sac est sur l'annuaire téléphonique, et l'annuaire est SUR MON LIVRE D'INSECTES!

CAROLINE: Excellent! La bibliothèque va fermer dans quinze minutes. Allons-y!
    (All EXIT)

LA FIN

VOCABULAIRE (in order of appearance in the play)

pressé	*in a hurry*
sale	*dirty*
le coussin	*the cushion*
les pièces d'argent	*coins*
le jouet	*the toy*
le tapis	*the rug*
le fauteuil	*the armchair*
la télécommande du televiseur	*the remote control (television)*
au-dessus	*above*
les rideaux	*the curtains*
la clé	*the key*
le cafard	*the roach*
fâché *(m)*	*angry*
l'annuaire téléphonique	*the telephone directory*

18

4. Brigitte
❈ Overview ❈

SYNOPSIS: Two simple-minded young men meet a beautiful stranger in the park. They try to coax her into conversation, but she only talks about her car in rapturous, mechanical phrases.

LANGUAGE OBJECTIVES:
    Vocabulary: nature
    Structures: present-tense verb conjugations

PRODUCTION NOTES:
    Brigitte's role is not demanding linguistically, as she repeats only one stock phrase throughout the play. She does, however, have a challenging dramatic role as an animatronic robot, who is so lifelike that she fools the two dim-witted young men who chance upon her in the park. Brigitte must say her line exactly the same way every time and must never change position on the park bench.
    IMPORTANT! Any time anything touches either of Brigitte's arms, her voice mechanism is activated.

TO EXTEND THE LENGTH OF THE PLAY:
    Add to Bruno and Sylvestre's dialogue: they may try to discuss the weather, sports, cars, movies and so on with Brigitte.

TO REDUCE THE LENGTH OF THE PLAY:
    Omit Bruno and Sylvestre's dialogue regarding their jobs and talents.

STAGING
SUGGESTION:

4. Brigitte

CHARACTERS: 5 Actors, 1Crew Member
    BRIGITTE (a beautiful animatronic lady, kind of like a talking
        mannequin)
    RAOUL (an auto show employee)
    RICHARD (an auto show employee, colleague of RAOUL)
    BRUNO (dim-witted pretentious young man)
    SYLVESTRE (dim-witted pretentious young man, BRUNO's buddy)
    Also needed: a crew member in charge of dropping pinecones on
        BRIGITTE's arm, as specified in script

SETTING: A bench in a park. Tall potted plants and hanging baskets to
    create the illusion of trees and gardens in the classroom or stage.
    Students may paint an optional backdrop of a park scene on butcher
    paper or a white sheet.

PROPS: Two pine cones

AT RISE: *RAOUL and RICHARD are carefully arranging a lovely mannequin,*
BRIGITTE, on a park bench.

RAOUL *(Worriedly, to RICHARD):* Tu crois qu'elle est bien ici?

RICHARD: Bien sûr! Nous serons partis* pour seulement une demi-heure. *Looks*
    around) Il n'y a personne ici dans le parc. Personne n'arrive. Allons-y! J'ai
    sommeil. Je veux prendre un café.

RAOUL *(Doubtful):* Alors, je ne sais pas. Je veux prendre un café aussi mais
    Brigitte est notre responsabilité. Si quelque chose lui arrive. . . alors,
    Richard, je vais rester ici avec Brigitte. J'ai peur de la laisser seule *(Pats*
    BRIGITTE's arm) .

BRIGITTE: *(In a rapturous, beguiling, mechanical voice):* Viens avec moi! Allons
    explorer ensemble les rues et les routes dans ma nouvelle voiture élégante!

RICHARD *(Ignoring BRIGITTE 's voice):* Ecoute, Raoul. Brigitte n'est pas humaine. Tu oublies que Brigitte n'est qu'une machine. C'est un mannequin-robot que nous utilisons pour vendre les nouvelles voitures. Tu comprends? Elle parle quand tu touches son bras. Regarde, Raoul. *(Shakes BRIGITTE's hand vigorously and talks to her)* Mademoiselle, excusez-moi, mais il y a un cafard* dans vos cheveux.

BRIGITTE *(Always in an identical voice):* Viens avec moi. Allons explorer ensemble les rues et les routes dans ma nouvelle voiture élégante.

RICHARD: Tu vois, Raoul? Brigitte est une machine. C'est un robot. Allons-y. Il y a un restaurant près d'ici.

RAOUL: Alors, quand est-ce que nous allons rentrer?

RICHARD: Dans une demi-heure, au maximum. Je t'assure.

RAOUL: *(Tenderly places BRIGITTE's arms in a natural position, arranges the position of her face as if to gaze at tree branches, then exits with RICHARD)*

BRIGITTE *(Alone on set):* Viens avec moi. Allons explorer ensemble les rues et les routes dans ma nouvelle voiture élégante.

(Fifteen seconds pass, nothing happens. A pinecone falls on BRIGITTE's arm, activating her voice mechanism.)

BRIGITTE: Viens avec moi. Allons explorer ensemble les rues et les routes dans ma nouvelle voiture élégante.

(SYLVESTRE and BRUNO enter and stop short when they spy BRIGITTE on bench)

SYLVESTRE *(Nudges BRUNO with elbow):* Regarde, Bruno! Une mademoiselle!

BRUNO: Où ça?

SYLVESTRE: Là-bas, assise au banc.

BRUNO: Oui, je la vois. Elle est très jolie! *(Stares for a moment)* Qu'est-ce qu'elle fait?

SYLVESTRE: Je ne sais pas. Peut-être elle étudie, mais elle n'a pas de livres....Peut-être elle étudie la nature...

BRUNO: Quelle nature?

SYLVESTRE: La nature dans le parc, sale bête! Les arbres, les fleurs, les oiseaux.... Je veux dire bonjour à cette belle jeune fille. *(Stares for a moment)* BRUNO grabs him)

BRUNO: Non, Sylvestre! Cette mademoiselle est très jolie. Elle attend probablement son petit ami.

SYLVESTRE: Ça ne fait rien. Allons lui dire bonjour.

(SYLVESTRE and BRUNO tuck in their shirts, adjust their pants, and smooth back their hair in a pretentious manner, than swagger over to BRIGITTE. BRIGITTE, of course, does not acknowledge their approach.)

SYLVESTRE *(Gallantlly):* Bonjour, Mademoiselle. Je m'appelle Sylvestre et mon ami s'appelle Bruno. *(Pauses for her response, then continues)* Comment vous appelez-vous?

BRUNO *(Proudly):* Sylvestre et moi travaillons dans un magasin de vidéos.

SYLVESTRE *(With boorish pride):* Mais je ne travaille pas le lundi parce que je prends un cours de karaté. *(Demonstrates karate move)*

BRUNO *(Trying to outdo SYLVESTRE):* Moi, je ne travaille pas le mardi parce que je nage avec une équipe de natation. *(Awkward pause)* Est-ce que vous louez des vidéos? Vous aimez les films? *(Whispers to SYLVESTRE)* Cette femme ne parle pas beaucoup.

SYLVESTRE: *(Sits next to her on bench, casually puts arm on bench behind her)* Mademoiselle, je vois que vous aimez regarder la nature. Les arbres sont très beaux, n'est-ce pas? Une famille d'écureuils* vit dans cet arbre. Mon ami et moi nous promenons ici tous les jours. Nous regardons les arbres, nous écoutons les oiseaux — Excusez-moi, mademoiselle, un moustique* vous pique le bras! *(He slaps imaginary mosquito away, activating her speech)*

BRIGITTE: Viens avec moi. Allons explorer ensemble les rues et les routes dans ma nouvelle voiture élégante!

SYLVESTRE *(Startled, moves away):* Comment? *(Looks at BRUNO, who shrugs shoulders baffled)* Ça va, Mademoiselle? *(Touches her arm gently)* Mademoiselle?

BRIGITTE: Viens avec moi! Allons explorer ensemble les rues et les routes dans ma nouvelle voiture élégante!

SYLVESTRE *(Lamely):* Vous avez une nouvelle voiture?

(Another pinecone falls down and hits BRIGITTE's arm)

BRIGITTE: Viens avec moi! Allons explorer ensemble les rues et les routes dans ma nouvelle voiture élégante!

BRUNO *(Nervously because he realizes that something is not quite right with this lady):* Merci, Mademoiselle, mais maintenant je ne peux pas explorer les rues et les routes avec vous parce qu'il faut que je travaille. *(Touches her arm)* Vous vous rappelez que je travaille dans un magasin de vidéos?

BRIGITTE: Viens avec moi! Allons explorer ensemble les rues et les routes dans ma nouvelle voiture élégante!

BRUNO *(Apprehensively, angrily)* Mademoiselle, vous avez un problème! Je ne sais pas ce que c'est, mais je ne veux pas explorer le monde avec toi. *(Touches her arm for emphasis)* Je ne veux même pas explorer ce parc avec toi!

BRIGITTE: Viens avec moi! Allons explorer ensemble les rues et les routes dans ma nouvelle voiture élégante!

BRUNO *(Exasperated, squats in front of her, grabs both of her elbows):* Il vous faut explorer un hôpital!

BRIGITTE: Viens avec moi! Allons explorer ensemble les rues et les routes dans ma nouvelle voiture élégante!

(At this moment, RAOUL and RICHARD enter: Run to BRIGITTE with concern when they see SYLVESTRE and BRUNO bothering her)

RAOUL: Brigitte! Ça va?

RICHARD: Si Brigitte ne va pas bien, nous allons parler à la police!

(SYLVESTRE and BRUNO step back and watch as RAOUL and RICHARD carefully examine BRIGITTE's arms, neck and head)

RAOUL *(Sighs with relief):* Calme-toi, Richard. Brigitte va bien, grâce à Dieu. Ne la laisse plus jamais seule dans le parc.

BRUNO *(Amazeed):* Cette demoiselle bizarre a deux petits amis? *(To RAOUL and RICHARD)* Vous êtes fous!* Et la femme est folle* aussi. Elle ne parle que de rues et de routes!

SYLVESTRE: **Vous** pouvez explorer les routes ensemble. Allons-nous-en, Bruno!
(SYLVESTRE and BRUNO exit)

RICHARD: Quels types bizarres! Raoul, touche le bras du mannequin-robot pour voir si elle parle toujours. *(RAOUL touches BRIGITTE's arm)*

BRIGITTE: Viens avec moi! Allons explorer ensemble les rues et les routes dans ma nouvelle voiture élégante.

RAOUL: Parfait! Grâce à Dieu! Elle parle toujours sans problème.

RICHARD: Partons, alors. L' exposition de nouvelles voitures va commencer dans une heure. Laissons-la à l'entrée. Tout le monde aime regarder le robot Brigitte. *(They lift her from bench and carry or lead her away)*

BRIGITTE: Viens avec moi! Allons explorer les rues et les routes dans ma nouvelle voiture élégante! *(EXIT all)*

LA FIN

VOCABULAIRE (in order of appearance in the play)

parti (nous serons)	*we'll be gone*
un écureuil	*a squirrel*
un cafard	*a roach*
fou *(m)*	*mad, crazy*
folle *(f)*	*mad, crazy*

5. L'animal parfait
❣ Overview ❣

SYNOPSIS: Laure goes to the pet store to buy the perfect animal companion.

LANGUAGE OBJECTIVES:
    Vocabulary: domesticated animals
    Structures: descriptive adjectives

PRODUCTION NOTES:

    The customers who barge into the pet store, interrupting Monsieur Roland and Laure should be animated and should really "ham" up their roles. Their roles add the action necessary to keep the play entertaining to the audience. They always burst in just as Monsieur Roland is about to name the mystery animal, thereby prolonging the suspense.

TO EXTEND THE LENGTH OF THE PLAY:

    Create roles for additional colorful characters who mistakenly enter the pet store.

    Add dialogue in which Laure chooses additional traditional pets she wants to buy and for which Monsieur Roland finds reasons to discourage her.

TO REDUCE THE LENGTH OF THE PLAY:

    Omit any customer character roles and dialogue.

STAGING SUGGESTION:

5. L'animal parfait

CHARACTERS: 6 Actors
    LAURE (a sensible customer, between the ages of 17 - 24)
    MONSIEUR ROLAND (the pet store owner)
    MADAME GILBERT (a hurried housewife, customer)
    MONSIEUR CAMBOU (a laconic farmer, customer)
    MADAME MARTIN (a scatterbrained customer)
    MONSIEUR ARNAUD (a businessman, customer)

SETTING: A pet store: a long counter top with several books on animal care, posters hung of common household pets, several empty cages

PROPS: A small cage prepared with shavings, etc. for a small animal such as a hamster or an iguana.   a cleaning rag, a shopping list.

AT RISE: *LAURE, holding her purse, enters a pet store and approaches the counter where MONSIEUR ROLAND is wiping out a cage with a rag.*

LAURE: Bonjour, Monsieur.

M. ROLAND: Bonjour, Mademoiselle. Un moment, s'il vous plaît.

LAURE: Ça va. Je ne suis pas pressée. *(Goes to look at animal posters on wall)*

M. ROLAND: Voilà. La cage est propre. Vous désirez?

LAURE: Je voudrais acheter un animal.

M. ROLAND: Très bien, parce que c'est ici un magasin d'animaux. Quel animal voulez-vous?

LAURE: Je voudrais un animal différent de ceux de mes amis. Je voudrais acheter un cochon.*

M. ROLAND: Un cochon! Oui, c'est un animal différent.

LAURE: Oui. Les cochons sont très intelligents et en réalité ce sont des animaux très propres.

M. ROLAND: Vous avez raison, mademoiselle. Ils sont propres et très intelligents. Mais malheureusement il y a un grand problème avec les cochons.

LAURE: Quel est le problème?

M. ROLAND: Le problème c'est que les cochons ont toujours chaud. Il faut les baigner* tous les jours.

LAURE: Alors je ne veux pas acheter un cochon. Quel animal est-ce que vous me recommandez, Monsieur?

M. ROLAND: Voici l'animal parfait. *(Bends to pick up a small cage or aquarium, sets it gently on counter)*

LAURE *(Peers into it)* : C'est quel animal, Monsieur?

MME. GILBERT *(Suddenly bursts into store, runs up to counter)* : Monsieur, je suis très pressée. *(Looks at her shopping list)*: J'ai besoin d'acheter deux kilos de tomates, dix tranches de jambon, et un litre de lait.

M. ROLAND *(Huffily)*: On n'est pas un supermarché, Madame.

MME. GILBERT *(Surprised)*: Non?

M. ROLAND: Non! Vous voyez les cages? C'est ici un magasin d'animaux.

MME. GILBERT *(Apologetically)*: Oh! Je suis désolée! Je cherche un supermarché. Ma famille a très faim. Merci. Au revoir, Monsieur. *(Exits)*

LAURE: Monsieur, si je ne veux pas acheter un cochon, je voudrais acheter un chien.

M. ROLAND: Un chien!

LAURE *(Enthusiastically)*: Oui. Les chiens sont très aimables et loyaux.

M. ROLAND: Vous avez raison, Mademoiselle. Les chiens sont très aimables et loyaux. Mais malheureusement il y a un grand problème avec les chiens.

LAURE: Quel est le problème?

M. ROLAND: Le problème c'est qu'ils ont faim toute la journée. Ils mangent beaucoup toujours.

LAURE: Pour moi, ce n'est pas très important.

M. ROLAND: Ils ont toujours soif aussi. Et quand ils ont soif, les grands chiens boivent l'eau de la toilette.

LAURE: Quelle horreur! Alors je ne veux pas acheter un grand chien. Je voudrais acheter un petit chien.

M. ROLAND: Le problème avec les petits chiens est qu'ils ont peur.

LAURE: Pour moi, ce n'est pas très important. Quelquefois j'ai peur aussi.

M. ROLAND: Oui, mais quand un petit chien a peur, il aboie.* Il aboie beaucoup. Il aboie la nuit quand vous avez sommeil et vous voulez dormir.

LAURE *(Disappointed)*: Alors je ne veux pas acheter un chien. Quel animal est-ce que vous me recommandez, Monsieur?

M. ROLAND: J'ai l'animal parfait dans cette cage. *(Points to aquarium on counter)*

LAURE: C'est quel animal?

M. CAMBOU *(Enters, looks around, ambles over to counter)*: Bonjour, Monsieur. Je voudrais acheter un animal très grand et utile. Je voudrais acheter une vache.

M. ROLAND: On ne vend pas de vaches ici, Monsieur.

M. CAMBOU: Ce n'est pas ici un magasin d'animaux?

M. ROLAND: Oui, mais on ne vend pas les vaches! Les vaches vivent aux fermes.

M. CAMBOU: On ne vend pas ici les chevaux non plus?

M. ROLAND: Non!

M. CAMBOU: Oh, manque de chance! Merci, Monsieur. Au revoir. *(Exits)*

LAURE: Bon, Monsieur, si je n'achète pas de chien, je voudrais acheter un chat. Les chats sont très amusants.

M. ROLAND: Vous avez raison, Mademoiselle. Les chats sont très amusants. Mais *(Sighs)* malheureusement il y a un grand problème avec les chats.

LAURE: Quel problème, Monsieur? Les chats n'ont pas chaud. Ils n'ont ni très faim ni soif ni peur.

M. ROLAND: Le problème avec les chats c'est qu'ils ont toujours sommeil. Ils veulent dormir toute la journée. Un chat n'est pas un animal très intéressant.

LAURE: Alors je ne veux pas acheter un chat non plus. Quel animal est-ce que vous me recommandez, Monsieur?

M. ROLAND: L'animal parfait est dans cette cage. *(Points to aquarium on counter)*

LAURE: C'est quel animal?

MME. MARTIN *(Bursts in, hurries over to counter)*: Je suis très pressée, Monsieur. Deux limonades, s'il vous plaît.

M. ROLAND: Madame, c'est ici un magasin d'animaux. Ce n'est pas un café!

MME. MARTIN: Non? Mais j'ai soif. Ma fille et moi, nous avons soif.

M. ROLAND: Je suis désolé, Madame. Ce n'est pas un café. Vous voyez les cages?

MME. MARTIN: Quel dommage! J'ai très soif. Au revoir, Monsieur. *(Exits)*

M. ROLAND: Oh, j'ai très mal à la tête!

LAURE: Bon, Monsieur, si je n'achète pas de chat, je voudrais acheter un perroquet. Un perroquet parle et c'est un bon copain.

M. ROLAND: Vous avez raison, Mademoiselle. Un perroquet parle et c'est un bon copain. Mais malheureusement il y a un grand problème avec les perroquets.

LAURE *(Totally exasperated)*: Quel est le problème, Monsieur? Un perroquet n'a pas chaud. Il n'a ni très faim ni très soif. Il n'a pas peur et il n'a pas sommeil toute la journée.

M. ROLAND: Le problème avec les perroquets c'est qu'ils ont toujours froid. Et si un perroquet a froid, il tombe malade. Quand un perroquet tombe malade, c'est une situation très grave.

LAURE: Alors, je ne veux pas acheter un perroquet. Quel animal est-ce que vous me recommandez, Monsieur?

M. ROLAND: L'animal parfait est dans cette cage.

LAURE: C'est quel animal?

M. ROLAND: C'est une . . . (*He tenderly lifts a rock out of the cage*) "pierre domestique".

LAURE (*With disbelief*): C'est une **pierre**?

M. ROLAND: Une pierre **domestique**, Mademoiselle. Elle n'a jamais faim ni soif. Elle n'a jamais chaud ni froid. Elle n'a jamais peur ni sommeil. Elle n'est jamais malade. Une pierre domestique, c'est la copine parfaite!

LAURE: Monsieur, c'est ridicule! Je ne veux pas acheter une pierre! Une pierre n'est pas l'animal parfait!

M. ARNAUD (*Enters store, walks briskly to counterr*): Bonjour, Monsieur. Ma fille est malade. Elle a très mal à la gorge. Je voudrais lui offrir un cadeau très spécial.

M. ROLAND: Quel âge a-t-elle, Monsieur?

M. ARNAUD: Elle a neuf ans.

M. ROLAND: Très bien. Vous avez de la chance, Monsieur, parce que j'ai ici l'animal parfait pour votre fille! (*Offers rock*)

M. ARNAUD (*Delighted*): Formidable! C'est une pierre* domestique, n'est-ce pas? Quelle idée parfaite! Ça coûte combien, Monsieur?

M. ROLAND: La pierre domestique et la cage coûtent deux cents francs, Monsieur.

M. ARNAUD: C'est bon marché! Très bien. (*They exchange money and goods. MONSIEUR ARNAUD exits happily*)

LAURE (*Sighs resigned*): D'accord. Je voudrais acheter une pierre aussi.

M. ROLAND: Une pierre domestique?

LAURE (*Peevishly*): Oui, une pierre domestique.

M. ROLAND: Oh, je suis désolé, Mademoiselle. Les pierres domestiques sont très populaires dans ce magasin. Je n'en ai plus. Quel autre animal voulez-vous?

LA FIN

VOCABULAIRE (in the order of appearance in the play)

le cochon	*the pig*	aboyer	*to bark*
baigner	*to bathe*	la pierre	*the stone*

6. Les malheurs du jour du mariage
❖ Overview ❖

SYNOPSIS: Marcel tries valiantly against all odds to attend his sister, Françoise's wedding but he arrives too late . . . or is it too early?

LANGUAGE OBJECTIVES:
  Vocabulary: downtown buildings and city terms
  Structures: telling time, asking and giving directions

PRODUCTION NOTES:

Marcel has a very demanding role with a lot of dialogue and action. The other five roles each have approximately the same number of speaking lines and basically exist in order to interrupt and annoy Marcel.

A backdrop of a downtown city street and buildings may be painted on butcher paper or a white sheet. Street signs, bus stop signs and so on may be added to the set.

TO EXTEND THE LENGTH OF THE PLAY:
  Ways to further detain Marcel:
  1) He loses the present and must search for it.
  2) He meets friends and they insist he join them for a soda.
  3) He takes a taxi and the taxi driver takes him mistakenly to
       the airport

TO REDUCE THE LENGTH OF THE PLAY:
  Omit the role of Madame Duval.

6. *Les malheurs du jour du mariage*

CHARACTERS: 6 Actors
>   MARCEL (a boy, aged 15 - 18, brother of the bride)
>   ANTOINE (the city bus driver)
>   MADAME MOREAU (a helpful woman)
>   MADAME DUVAL (a shopper/nurse)
>   UN AGENT DE POLICE
>   FRANÇOISE (the bride)

SETTING: None: this is a purely imaginary downtown area.

PROPS: Two watches (for MARCEL and the AGENT DE POLICE), an invitation, a gift-wrapped present which contains a hand-mirror, a student-generated cardboard bus (approximately 6'x4' with cut-out windows), a paper shopping bag full of purchases, a sign indicating a hospital, a policeman's whistle, purse

AT RISE: *MARCEL   enters, holding a beautifully giftwrapped present. He pulls an invitation out of his pocket and silently scans it.*

MARCEL *(Talking to himself and to the audience):*   C'est aujourd'hui le mariage de ma soeur Françoise. C'est un jour très important et je ne peux pas arriver en retard. Quelle heure est-il? *(Looks at his watch)* Il est une heure et demie de l'après-midi! Le mariage commence à deux heures et demie! Oh, je suis pressé! Je vais prendre un taxi pour arriver à l'eglise à l'heure. *(Stands at imaginary street curb and calls for taxi)*   Taxi! Taxi! *(Waits impatiently, bursts out in irritated voice):* Où sont les taxis?

MADAME MOREAU *(Enters, approaches MARCEL):* Pardon. Est-ce que vous cherchez un taxi?

MARCEL: Oui! J'ai besoin d'un taxi.

MADAME MOREAU: Les taxis ne viennent pas ici. Il n'y a jamais de taxis dans cette rue.

MARCEL: Madame, il est deux heures moins vingt et j'ai besoin d'arriver à deux heures et demie précises. Comment est-ce que je peux arriver rapidement à l'église Saint-Jean?

MADAME MOREAU:: Vous pouvez prendre l'autobus numéro 37. Regardez! Il arrive!

MARCEL *(Relieved):* Formidable! Merci, Madame.

ANTOINE: *(Enters, "driving" his cardboard bus, stops near MARCEL, opens bus doors)*

MARCEL: Bonjour, Monsieur. Est-ce que cet autobus va à l'église Saint-Jean?

ANTOINE: Oui, mais d'abord on fait un arrêt* à l'université et encore un arrêt au marché.

MARCEL: A quelle heure est-ce qu'on arrive à l'église Saint-Jean?

ANTOINE: Voyons. On arrive à l'université à quatorze heures. On arrive au marché à quatorze heures quinze. Ensuite on arrive à l'église Saint-Jean à quatorze heures trente.

MARCEL: Parfait! *(He boards the bus and sits down, looks at his watch)* Il est deux heures moins le quart. *(The bus takes off again)*

ANTOINE *(Comes to a stop):* Arrêt de l'université!

MARCEL: *(Looks at watch, nods approvingly)* Il est deux heures précises. *(The bus takes off again)*

ANTOINE *(Comes to a stop again):* Arrêt du marché!

MARCEL *(Nods contentedly to himself again):* Il est deux heures et quart. Très bien. *(The bus takes off again)* Je vais arriver au mariage! C'est à deux heures et demie et Françoise va être très contente. *(The bus suddenly rattles and slowly jerks to a stop)*

ANTOINE *(Gets off bus, walks in front of it, remarks thoughtfully):* Hmmm . . . il me semble qu'il y a un problème avec l'autobus.

MARCEL: Qu'est-ce qu'il y a?

ANTOINE: Je ne sais pas . . . peut-être il y a un problème avec la transmission. *(Scratches face, thinking)* Cet autobus ne marche plus. Il faut que vous descendiez.*

MARCEL *(Panicking):* Mais il est deux heures vingt! La cérémonie commence à deux heures et demie! Qu'est-ce que je vais faire?

ANTOINE *(Unconcerned, shrugs shoulders):* Je suis désolé. Vous pouvez marcher. Bonne chance!

MARCEL: Où est l'église Saint-Jean?

ANTOINE: Allons voir. . . C'est au bout* de cette avenue . . . deux kilomètres d'ici, plus ou moins, tout droit.

MARCEL: Deux kilomètres!

ANTOINE: Oui, deux....ou peut-être trois. Bonne chance! Au revoir! *(ANTOINE exits, using all his strength to push bus offstage)*

MARCEL *(Starts walking, muttering loudly to himself)*: Oh, quelle horreur. Ma soeur va se marier. Elle a une cérémonie très spéciale et après, la fête du mariage. Je suis le garçon d'honneur, *. . . et je vais arriver en retard. *(Looks at his watch, moans)* Il est deux heures et demie. En ce moment à l'église Saint-Jean la cérémonie commence. Et où suis-je? Je me promène dans les rues! *(Continues walking)*

MADAME DUVAL *(Enters with a large shopping bag, trips and falls, items spill out)* Oh! Ma cheville! *(Groans and holds her ankle)*

MARCEL: Madame! Qu'est-ce qu'il y a? *(Kneels to help her)*

MADAME DUVAL *(Rocking back and forth in pain)*: J'ai très mal à la cheville.*

MARCEL: Vous pouvez marcher?

MADAME DUVAL *(In terrible pain)*: Non, je ne peux pas marcher. J'ai besoin d'aller à l'hôpital. Oh! J'ai mal à la cheville!

MARCEL: Est-ce qu'il y a un hôpital près d'ici?

MADAME DUVAL: Oui, c'est près. . . à deux rues à gauche. Je suis infirmière* de cet hôpital.

MARCEL *(Looks fretfully at his watch)*: Il est trois heures neuf. *(Sighs)* Je vous aide à marcher. *(He helps her get up)*

MADAME DUVAL: Merci. Mais mes colis*. . . Oh, ma cheville!

MARCEL *(Gathers up her items, puts them back in her shopping bag)*: Je porte vos colis, madame.*(MARCEL supports MADAME DUVAL, they walk to hospital poster)* Au revoir, Madame. J'ai besoin de marcher jusqu'à l'église Saint-Jean.

MADAME DUVAL *(Still in pain, but grateful)*: Merci. Merci beaucoup pour tout. L'église Saint-Jean n'est pas loin. C'est à dix rues d'ici, plus ou moins, au bout de l'avenue. *(MADAME DUVAL exits, hobbling)*

MARCEL *(Starts walking again, muttering loudly to himself)*: Maintenant, quelle heure est-il? *(Looks at watch)* Il est quatre heures moins vingt-deux! Oh, non! Qu'est-ce que je vais faire? Maintenant la cérémonie est terminée. Probablement on prend des photos maintenant. Et moi, le garçon d'honneur, je suis ici dans l'avenue, à dix rues de l'église. Françoise va me tuer. Maman va me tuer* aussi! Je ne vais pas marcher. Je vais courir! *(Starts running)*

L'AGENT DE POLICE *(Enters leisurely, swinging whistle, sees MARCEL running and springs to attention, blowing whistle):* Garçon! Arrêtez au nom de la loi! *(MARCEL stops running)* Venez ici. Mettez les mains sur la tête! *(MARCEL puts his hands on his head, policeman circles him suspiciously)* Où allez-vous?

MARCEL: Je vais à l'église Saint Jean, Monsieur l'Agent.

L'AGENT DE POLICE: Ah, oui? Pourquoi est-ce que vous courez comme ça?

MARCEL: Je suis très en retard, Monsieur.

L'AGENT DE POLICE: Vous êtes très en retard. Quel est le cadeau que vous avez?

MARCEL: C'est un cadeau pour ma soeur, Monsieur.

L'AGENT DE POLICE: Un cadeau pour ta soeur? Qu'est-ce que c'est?

MARCEL: C'est du parfum, Monsieur.

L'AGENT DE POLICE: Ouvrez la boîte, s'il vous plaît.

MARCEL: Monsieur, s'il vous plaît! Je suis très en retard. Je n'ai pas le temps.

L'AGENT DE POLICE: Est-ce que vous avez le temps de m'accompagner à la station de police?

MARCEL: *(Sighs helplessly, unwraps gift, shows it to policeman)*

L'AGENT DE POLICE *(Examines the bottle of perfume):* Oui, c'est bien du parfum.

MARCEL: Oui.

L'AGENT DE POLICE: Très bien. Vous pouvez partir. L'église Saint-Jean est à huit rues d'ici, au bout de l'avenue. Bonne journée!

MARCEL *(Starts running as he looks at his watch):* Oh, quelle horreur! Il est cinq heures cinq.

*   *   *   *   *   *

FRANÇOISE *(Enters casually, swinging a purse):* Marcel, mon frère! Quelle surprise!

MARCEL: Françoise! *(Panting, he stops running, and looks at her dumbfounded)*

FRANÇOISE: Qu'est-ce que tu fais ici dans cette avenue? Moi, je fais des achats, et je cherche des chaussures pour mon mariage.

MARCEL *(Flabbergasted):* Ton mariage? *(Looks at watch)* Il est cinq heures vingt. Qu'est-ce qui s'est passé avec la cérémonie? Et les photos? La fête et le bal à six heures? Dans quarante minutes!

FRANÇOISE *(Laughing playfully):* Oh, Marcel, tu es stupide! La cérémonie de mariage n'est pas aujourd'hui! C'est samedi!

LA FIN

VOCABULAIRE (in order of appearance in the play)

un arrêt	*a stop (ex. bus stop)*
descendre	*to descend, to go down*
le bout	*the end*
le garçon d'honneur	*the best man*
la cheville	*the ankle*
la infirmière	*the nurse*
le colis	*the package*
tuer	*to kill*
la loi	*the law*

7. Arnaud amoureux
♥ Overview ♥

SYNOPSIS: Arnaud tries every way possible to get Anne to notice him, but she is only interested in cats.

LANGUAGE OBJECTIVES:
    Vocabulary: body parts, cafeteria foods
    Structures: descriptive adjective agreement

PRODUCTION NOTES:

IMPORTANT! During any and all of Arnaud and Louis' dialogue, Anne and Pauline should have their heads together quietly discussing the pages of their cat book, oblivious to the boys' discussion. Likewise, whenever Armaud is at the girls' table, Louis should be engrossed in the food on his table.

TO EXTEND THE LENGTH OF THE PLAY:

Add more body-part-related dialogue: Louis may explain to Arnaud the ways his appearance differs from current heartthrob movie stars. Arnaud may expound on Anne's beauty.

TO REDUCE THE LENGTH OF THE PLAY:

Omit the dialogue about walking confidently with the shoulders thrown back, etc., as well as the dialogue about the tuba serenade.

STAGING
SUGGESTION:

7. Arnaud amoureux

CHARACTERS: 4 Actors
    ARNAUD (an insecure middle or high school student)
    LOUIS (ARNAUD's a supportive, but imperturbable friend)
    ANNE (an attractive middle or high school student, very
        interested in cats)
    PAULINE (ANNE's friend)

SETTING: A school cafeteria containing at least two long tables.
    Optional: posters regarding the four food groups and today's
    lunch menu may be displayed on the walls.

PROPS: A large, thick, colorful book on cats, two school cafeteria trays
    of food which include standard flatware, napkins and the
    following food: carrots, mashed potatoes, cookies, any kind of
    meat, and milk cartons.

AT RISE: *ANNE and PAULINE sit together at one table, quietly examining and discussing a book of cats. ANNE has her elbows on the table. ARNAUD and LOUIS are seated at a nearby table with their meal trays. LOUIS is eating his lunch with gusto and ARNAUD is staring longingly at ANNE.*

LOUIS (*Looks with interest at ARNAUD's tray*): Vas-tu manger tes carottes?
ARNAUD (*Dreamily*): Non, je n'ai pas faim.
LOUIS: Tu me les donnes?
ARNAUD: Quoi?
LOUIS: Les carottes. (*Louder*) Les carottes de ton assiette. Qu'est-ce qu'il y a aujourd'hui?
ARNAUD: Regarde cette jeune fille là-bas. Elle est très jolie, n'est-ce pas?

LOUIS *(As he scrapes ARNAUD's carrots on to his tray)*: Quelle jeune fille? Il y a beaucoup de jeunes filles dans la cantine. Il y a beaucoup de jolies filles.

ARNAUD: La jeune fille aux longs cheveux bruns, aux yeux bleus et aux lèvres* rouges.

LOUIS *(Looking around cafeteria)* La jeune fille qui se fait les ongles?

ARNAUD: Non, la jeune fille aux coudes sur la table. Maintenant elle regarde un livre avec une amie.

LOUIS: *(Disinterested):* Oui, je la vois. Oui, elle est jolie. *(With much greater interest)* Vas-tu boire ton lait?

ARNAUD: Je veux la connaître.

LOUIS: Bien, mais donne-moi d'abord* ton lait. *(Takes ARNAUD's milk)* Merci.

ARNAUD *(Stands, takes a deep breath, walks over to the girls' table, where they are deeply involved in an intense discussion of the photos in a cat book, and addresses ANNE):* Bonjour. Je m'appelle Arnaud. Comment t'appelles-tu?

ANNE et PAULINE: *(They notice ARNAUD and start giggling)*

ARNAUD *(Mystified, uncomfortable):* Quoi? Pourquoi est-ce qu'on rit de moi?

ANNE*(Still giggling):* Tiens, Arnaud, tu as de la purée de pomme de terre* sur le visage.

ARNAUD *(Mortified):* Ouf, pardon. *(Slinks back to his table, sits down)* Louis, est-ce que j'ai de la purée sur le visage?

LOUIS *(Laughs):* Oui. Quelle horreur! Tu as de la purée de pomme de terre sur les joues* et sur le menton* aussi.

ARNAUD *(Wipes his face with a napkiin):* Comment est mon visage?
LOUIS: Eh bien, il est laid* comme toujours, mais au moins tu n'as plus de purée au visage. Tu vas manger la purée?

ARNAUD *(Distractedly):* Non. Elle s'appelle comment, cette fille? Je voudrais toujours parler avec elle. *(Stands, returns to girls' table, waits patiently)*

PAULINE: Ces chats sont intéressants, n'est-ce pas? Ils ont les petites oreilles doubles.

ANNE: Oui, ils sont très rares. Ils n'ont presque pas de cou non plus.
Ils ont beaucoup de cheveux et ils sont d'une couleur presque bleue.

ARNAUD *(Speaks up)*: Bonjour encore.

ANNE: *(Looks up surprised, then says teasingly)*: Regarde, Pauline! C'est le garçon avec la purée sur le visage!

ARNAUD *(Earnestly)*: Salut. Je m'appelle Arnaud. Tu t'appelles comment?

ANNE: Je m'appelle Anne.

ARNAUD: Enchanté de faire ta connaissance, Anne. Veux-tu prendre un coca avec moi après les cours aujourd'hui?

ANNE *(Graciously, but with finality)*: Non, merci. Je n'ai pas le temps aujourd'hui.

ARNAUD: Peut-être demain?

ANNE: Non, merci. *(Ignores him, returns attention to book)* Regarde, Pauline, qu'est-ce que tu penses des chats siamois??

PAULINE: Alors, j'aime beaucoup les yeux bleus et les cous longs, mais pour moi le corps et les jambes des chats siamois sont trop minces.

ARNAUD *(Returns dejectedly to his table, sits down, shoulders slumped)*: Cette jeune fille ne s'intéresse pas à moi. Pourquoi, Louis?

LOUIS: Elle préfère peut-être les garçons musclés.

ARNAUD: Mais je suis musclé! Regarde les bras. *(Flexes his muscles)* Les jambes aussi sont musclés. Regarde!

LOUIS: Arnaud, s'il te plaît, je ne veux pas admirer ton corps. Tu vas acheter une glace aujourd'hui?

ARNAUD: Je vais lui montrer les muscles de mes bras et de mes jambes. *(Stands resolutely, returns to girls' table, flexes muscles trying to catch their attention)* Salut.

ANNE *(Sighs)*: Oui, Armand.

ARNAUD: Non, mon nom est "Arnaud". Anne, veux-tu aller au gymnase avec moi? Je vais au gymnase tous les après-midi.

ANNE: Non, merci.

ARNAUD: Ce samedi alors?

ANNE *(More emphatically)*:   Non, merci. *(Returns her attention to book)* Oh regarde, Pauline! Voici des photos de chats. Ils sont si mignons!

PAULINE: Oui, ils sont mignons. Les corps sont si petits mais les yeux, les oreilles et les pattes* sont si grands.

ARNAUD *(Dejected, returns to seat, sits down):* Non, Louis, elles ne s'intéressent ni à mes bras ni à mes jambes musclés.

LOUIS: Arnaud, si tu me donnes les biscuits de ton assiette, je te donne mes conseils.

ARNAUD: Très bien. *(Gives LOUIS cookies)*

LOUIS *(Talking while eating):* Regarde, Arnaud, il te faut de la confiance en toi. Lève la tete! *(Demonstrates)*

ARNAUD: La tête levée? *(Tries this stance)* Comme ça?

LOUIS: Excellent! Maintenant, aie de la confiance!

ARNAUD *(Returns to girls' table with this awkward swagger):* Salut, Anne! C'est moi, Arnaud. Viens avec moi à la salle de concert et je te donne un petit concert avec mon tuba.

ANNE *(Exasperated):* Regarde, Arnaud. *(Speaking louder and louder)* Je ne veux pas parler avec toi. Je ne veux pas boire un coca avec toi. Je ne veux pas aller au gymnase avec toi! Tes bras et tes jambes musclés ne m'intéressent pas! Et enfin, je ne veux pas écouter un concert de tuba! Je ne veux que lire mon livre de chats en paix avec mon amie!

LOUIS *(Overhears this last sentence and becomes suddenly interested, stands, walks over, addresses ANNE):* Bonjour. Je m'appelle Louis. Vous regardez un livre de chats? J'aime beaucoup les chats. J'ai une chatte qui s'appelle Lucie. Elle vient d'avoir sept chatons. Ils sont dans la cuisine de ma maison. Ils ont toujours les yeux fermés.

PAULINE: Je voudrais les voir!

ANNE: Oui, moi aussi!

LOUIS: Ce samedi peut-être?

ANNE: Pourquoi pas aujourd'hui? Après les cours? Nous allons t'attendre devant l'école, d'accord? Regarde. *(Locks her arm in his, leads him away as ARNAUD watches despondently)* Je m'appelle Anne, et voici mon amie, Pauline. Ce que tes bras sont musclés! J'aime beaucoup les muscles. . . Combien de semaines ont les chatons? Ils ont toujours du poil?* Je peux les   toucher? *(Her voice fades out as ANNE, LOUIS and PAULINE exit, leaving ARNAUD standing there morosely)*

LA FIN

VOCABULAIRE (in order of appearance in the play)

les lèvres	*the lips*
les ongles	*the fingernails*
d'abord	*first*
le purée de pomme de terre	*mashed potatoes*
les joues	*the cheeks*
le menton	*the chin*
laid *(m)*	*ugly*
les pattes	*the paws*
le poil	*the animal fur*

8. Les vêtements universels
✂ Overview ✂

SYNOPSIS: Madame Orsay, the clothing store owner, and her
employee, Delphine, desperately try to sell their frugal customer,
Monsieur Courde, the amazing "One-fabric-Does-All" clothing.

```
LANGUAGE OBJECTIVES:
   Vocabulary:  clothing
   Structures:  useful phrases for shopping
```

PRODUCTION NOTES:

This play is pure slapstick. The sillier Monsieur Courde looks in
his "vêtements universels" and the angrier he gets, the better. The sales
people never giggle, but always earnestly tell him how good he looks.
Madame Orsay is definitely the dominant personality of the two
women. Delphine has very few original thoughts and opinions and
always enthusiastically agrees with anything Madame Orsay says.

Monsieur Courde has an emotional and fairly lengthy monologue
toward the end of the play.

TO EXTEND THE LENGTH OF THE PLAY:

Add roles and dialogue for additional customers that enter the
store periodically throughout the play. They request items for
themselves and other family members, try on clothing, ask how they
look, and so on.

TO REDUCE THE LENGTH OF THE PLAY:

Consolidate Madame Courde and Delphine into one role.

STAGING
SUGGESTION:

8. Les vêtements universels

CHARACTERS: 3 Actors
   MADAME ORSAY (the zealous clothing store owner)
   DELPHINE (MADAME ORSAY's devoted employee)
   MONSIEUR COURDE (a hapless customer)

SETTING: A clothing store: has a lovely sign on the wall with the name
   of "VÊTEMENTS POUR TOUT LE MONDE"
   Furnishings include a rack of clothing on hangers and a counter
   top displaying shoes, socks, hats, gloves, etc.

PROPS: Hanging on rack: men's slacks, men's dress shirts, men's
   jackets, also one or more blouses, skirts and dresses
   Items to be displayed on counter top: hats, shoes, socks, bathing
   suits (for men and women), pajamas
   IMPORTANT! Three different cuts of colorful, easy-to-wrap-
   around fabric: 4-6 yards each (the uglier the better!)
   A shopping list, a hand mirror, and (optional) a
   full-length mirror

AT RISE: *MADAME ORSAY and DELPHINE are busily arranging clothes on
hangers as well as on the counter display. MONSIEUR COURDE enters
the store and looks through the clothing on racks. Then, as MADAME
ORSAY and DELPHINE watch, from his wallet he removes a few bills,
counts them, shakes his head sadly, sighs, and prepares to exit.
MADAME ORSAY stops him.*

MME. ORSAY: Bonjour, Monsieur. Vous désirez? Vous cherchez un
   pantalon ou des chaussures? Ou peut-être un chemisier et une jolie
   jupe* pour votre femme? Ou peut-être un maillot de bain pour
   votre fille?

M. COURDE *(Dejectedly)*: Eh bien, je cherche un peu de tout. Il me faut acheter
   beaucoup de vêtements. Je fais un voyage en Italie et il me faut de
   nouveaux vêtements. . . *(Sighs)* J'ai une liste ici. *(Gets list out of*

44

his pocket and reads it) Il me faut acheter des chemises, des pantalons, des chapeau.

MME. ORSAY: Delphine, s'il te plaît, montre à ce monsieur les vêtements qu'il lui faut.

DELPHINE *(Nods enthusiastically):* Oui, Madame. *(To M. COURDE)* Alors, ici dans ce magasin, Monsieur, il y a de tout. Regardez! *(She shows each item as she names it)* Il y a des chemises, des pulls, des pantalons, et des blousons pour messieurs. Et ici il y a des chaussettes, des chaussures, et des maillots de bain. Voudriez-vous essayer* quelque chose?

M. COURDE *(Politely):* Bon, j'aime beaucoup les vêtements ils sont parfaits pour mon voyage, mais . . . non, non merci. *(He turns to leave the store)*

MME. ORSAY: Pourquoi, Monsieur? Il y a un problème?

M. COURDE: C'est que . . . *(Opens his wallet)* je n'ai pas beaucoup d'argent. Alors, merci . . . Au revoir *(Turns to leave)*

MME. ORSAY: Attendez, Monsieur! Les vêtements ne sont pas chers. Delphine, montrez au monsieur que nos vêtements sont de bonne qualité mais bon marché aussi.

DELPHINE *(Nods her head enthusiastically, as always):* Oui, Madame. Cette belle robe coûte seulement deux cents francs. Et ce pantalon coûte seulement cent cinquante francs. Et ce joli maillot de bain coûte seulement cent vingt francs.

M. COURDE: Les vêtements sont jolis, mais......non, merci. Au revoir. *(Turns to leave)*

MME. ORSAY: Vous avez combien d'argent, Monsieur?

M. COURDE: J'ai cent francs.

MME. ORSAY *(Thinks frantically, not wanting to lose a sale):* Alors, ce joli maillot de bain, Monsieur, je vous le vends pour cent francs.

M. COURDE: Madame, je vais en Italie! Il me faut beaucoup plus qu'un maillot de bain!

MME. ORSAY *(Has a sudden brainstorm:)* Delphine! Apporte les vêtements universels!

DELPHINE: Oui, Madame! Les vêtements universels! *(From behind counter top, pulls out a long rectangular piece of cloth and hands it to MME. ORSAY)*

MME. ORSAY *(Confidently)*: Ces vêtements, Monsieur, coûtent seulement cent francs.

M. COURDE: Quels vêtements? Je ne vois pas de vêtements.

MME. ORSAY: Les vêtements que j'ai dans ma main, Monsieur. C'est la meilleure qualité. Touchez-les, Monsieur. Qu'ils sont doux!* N'est-ce pas, Delphine?

DELPHINE: Oui, Madame! Monsieur, les vêtements universels de ce magasin sont très doux.

M. COURDE: Mais ce ne sont pas des vêtements. Ce sont des tissus.* C'est un rectangle de tissu!

MME. ORSAY *(Aghast)*: Oh, Monsieur! Vous ne savez rien de la mode! Ce sont les vêtements universels. Ils sont très connus! Et ils sont très populaires en Italie.

M. COURDE *(Doubtfully)*: Les vêtements universels? Populaires en Italie?

MME. ORSAY: Mais bien sûr, Monsieur! N'est-ce pas, Delphine?

DELPHINE *(Nods enthusiastically)*: Oui, Madame. Très populaires en Italie.

M. COURDE: Comment est-ce que j'essaie ces vêtements universels?

MME. ORSAY: Ecoutez, Monsieur, c'est facile! Delphine, aide-moi, s'il te plaît. *(MME. ORSAY and DELPHINE quickly wrap the fabric around M. COURDE's head, turban-style)* C'est un chapeau, les vêtements universels. C'est un joli chapeau pour vous! Que le monsieur est beau avec son nouveau chapeau, n'est-ce pas, Delphine?

DELPHINE: Oui, Madame! Très beau! Regardez-vous dans le miroir, Monsieur. *(She offers him a hand mirror)*

M. COURDE *(Looks in mirror, then angrily snatches fabric off head)*: Ce n'est pas un chapeau! C'est ridicule. *(Picks up hat from counter top)* Ça, c'est un chapeau.

MME. ORSAY *(Gently chiding him)*: Mais si, c'est un chapeau, Monsieur — mais c'est un peu trop grand pour vous, peut-être. . .

M. COURDE *(Still angry)*: Trop grand!

MME. ORSAY: Alors, les vêtements universels font aussi un pantalon. Delphine, aide-moi, s'il te plaît. *(MME. ORSAY and DELPHINE quickly wrap fabric around his lower half to resemble pants)* Voilà, Monsieur! Un nouveau pantalon! Tout le monde en Italie va admirer votre nouveau pantalon. Regardez-vous dans le miroir, Monsieur.

M. COURDE *(After a look in the mirror, blusters):* Ce n'est pas un pantalon! C'est ridicule! Je ne peux pas marcher!

MME. ORSAY: Hmm . . . *(To DELPHINE):* Tu crois que ce pantalon c'est trop grand ou trop petit?

DELPHINE *(Looks at M. COURDE's legs speculatively):* Je ne sais pas, Madame. Je crois qu'il est très bien.

M. COURDE *(Getting angry):* Ce n'est pas un pantalon. *(He unwraps himself and pulls a pair of pants off the rack)* Ça, c'est un pantalon!

MME. ORSAY *(Musing to DELPHINE):* Le monsieur n'aime peut-être pas la couleur.

DELPHINE: Oui, Madame. Mais la couleur est parfaite pour une veste.

MME. ORSAY: Delphine, voilà une idée intéressante! Aide-moi, s'il te plaît. *(They wrap poor M. COURDE up once again, this time to form a jacket)* Regardez, Monsieur, les couleurs des vêtements universels reflètent la couleur de vos yeux. Le monsieur est très beau, n'est-ce pas, Delphine?

DELPHINE: Oui, Madame. Le monsieur est très beau. Surtout les yeux.

MME. ORSAY: Que les vêtements universels sont merveilleux! Maintenant, Monsieur, vous avez une veste, mais aussi *(Rearranges fabric as she chatters)* vous avez un pull en automne et un manteau en hiver!

M. COURDE: Je voudrais me regarder dans le miroir. *(MME. ORSAY stands purposely in front of the full mirror, blocking his view)*

MME. ORSAY: Mais, Monsieur, il n'est pas nécessaire de vous regarder. La veste vous va parfaitement.

M. COURDE: Je voudrais me regarder dans la glace, s'il vous plaît, Madame! *(She reluctantly moves out of the way, he looks in mirror)* C'est ridicule! Ce n'est pas une veste— *(He pulls each item off rack and shakes it angrily as he talks about it)* ça, c'est une veste! Madame, Mademoiselle, écoutez! Voici des chaussettes et ça c'est un tissu affreux.* Celui-ci est un maillot de bain, et celui-là n'est qu'un tissu horrible. Madame, Mademoiselle, le problème n'est pas que les vêtements sont trop grands ou trop petits. Le problème c'est simplement qu'ils **ne me vont pas !** Voulez-vous savoir pourquoi ils ne me vont pas? Ils ne me vont pas parce que **ce ne sont pas des vêtements! C'est un tissu!** *(He dumps fabric in MME. ORSAY's hands)*

MME. ORSAY *(Meekly, after a long pause):* C'est une jupe pour votre fille?

M. COURDE *(Firmly):* Ce n'est pas une jupe. Ça, c'est une jupe.

DELPHINE: C'est une robe pour votre femme?

M. COURDE: Ce n'est pas une robe. Ça, c'est une robe! *(Emotionally exhausted)* Ecoutez, Madame, j'ai cent francs. Je vais acheter ce maillot de bain. C'est tout. Merci. Au revoir. *(He hands them the money from his wallet, takes the bathing suit and EXITS)*

****

MME. ORSAY: Delphine, quelle heure est-il?

DELPHINE *(Looks at her watch):* Il est sept heures du soir, Madame.

MME. ORSAY: Sept heures déjà? Très bien. On va fermer le magasin. Allons dîner. *(She exits store, but returns immediately, shivering)* Oh, Delphine! Qu'il fait froid dehors! Apporte nos manteaux, s'il te plaît.

DELPHINE: *(Nodding her head enthusiastically, as always)* Oui, Madame! *(From behind the counter top, DELPHINE brings out two more long rectangles of fabric , **les vêtements universels**. The two women wrap themselves up and EXIT)*

LA FIN

VOCABULAIRE (in order of appearance in the play)

la jupe	the skirt	le tissu	the cloth
essayer	to try on	affreux	frightful
doux	soft		

9. "Faisons la cuisine avec Charles et Céline"
❦ Overview ❦

SYNOPSIS: Charles and Céline are the enthusiastic hosts of the wildly popular and moronic TV cooking show, "Faisons la Cuisine avec Charles et Céline!" Join them today as they discuss and compare fruits as well as answer inane questions from their fervent, dim-witted studio audience.

LANGUAGE OBJECTIVES:
  Vocabulary: fruits
  Structures: number/gender agreement of adjectives

PRODUCTION NOTES:

This play pokes fun at both the hosts and studio audience of a TV talk show. Perform it in the irreverent tradition of a **Saturday Night Live** sketch.

Charles and Céline always talk to each other and to the studio audience in overly excited and merry "talk show host" voices.

Isabelle, Roland and Mélanie, as studio audience guests, hang on every moronic comment uttered by the show hosts, as if their remarks were priceless gems of knowledge.

Important! Studio audience actors must always stand before they speak and sit down when they finish.

TO EXTEND THE LENGTH OF THE PLAY:

Add more members of the studio audience with idiotic questions.

Have Charles and Céline introduce unusual tropics fruits such as the papaya, mango, guava and kiwi fruit.

TO REDUCE THE LENGTH OF THE PLAY:

Omit the dialogue regarding the strawberries and pineapple.

STAGING
SUGGESTION:

49

9. *"Faisons la cuisine avec Charles et Céline"*

CHARACTERS: 5 Actors
   CHARLES (a wacky, exuberant cooking show host)
   CÉLINE (CHARLES' perky sidekick)
   ISABELLE (a guest in the television studio audience)
   ROLAND (also a guest in the television studio audience)
   MÉLANIE (another lucky guest in the television studio audience)

SETTING: A sparkling TV kitchen: Charles and Celine are situated behind
   a long table or countertop. Behind them a brightly colored sign
   announces the name of their TV Show, "Faisons la cuisine avec
   Charles et Céline!" also a row of at least three chairs that face the
   countertop for the studio audience of Isabelle, Roland and Mélanie.
   The chairs should be set at a diagonal angle to the countertop, so
   they will not obscure the French class audience's view of the cooking
   show hosts.

PROPS: Charles and Celine need aprons. A large bowl stands between
   them, containing red, green and yellow apples, an orange, a
   bunch of bananas, a lemon, a lime. Also a small bowl of green and
   purple grapes, a small bowl of strawberries, a pineapple, two
   cutting boards, two knives, two juice glasses.

AT RISE: *CHARLES and CÉLINE, each wearing an apron, are either sitting or
standing behind the sparkling kitchen counter with an attractive bowl of fruit
between them. Wooden cutting boards and knives are placed before each of them.
The studio audience (ISABELLE, ROLAND and MÉLANIE) sit in chairs facing the
cooking show hosts. They are applauding the start of today's show with great
excitement and anticipation.*

CÉLINE: Bonjour, Charles!
CHARLES: Bonjour, Céline!   Ça va?
CÉLINE: Très bien, Charles! Merci. *(To studio audience)*   Comment allez-vous
   aujourd'hui?

50

ISABELLE, ROLAND, MÉLANIE (*All whooping and shouting raucously, adlibbing comments such as*) : Très bien! J'ai faim! Bonjour, Céline!

CÉLINE: Alors, je suis très ravie* aujourd'hui parce que nous allons explorer un nouveau monde de cuisine.

CHARLES: Et quel est ce nouveau monde de cuisine, Céline?

CÉLINE (*Mysteriously*): Alors, Charles, c'est quelque chose que toi et notre public public mangez tous les jours---au petit déjeuner, au déjeuner, et au dîner aussi. Ils ont beaucoup de couleurs, ils sont doux et ils ont beaucoup de jus. Qu'est-ce que c'est, Charles?

CHARLES (*Jovially baffled*): Je n'ai aucune idée, Céline. Qu'est-ce que c'est?

CÉLINE (*To studio audience*): Et vous, savez-vous tout le monde?

ISABELLE, ROLAND, MÉLANIE (*Adlibbing, all shouting at the same time*): Je ne sais pas! Qu'est-ce que c'est? Ce sont des pâtisseries?

CÉLINE: Je parle des fruits!

ISABELLE, ROLAND, MELANIE: (*Enthusiastic applause*)

CHARLES (*Slaps knee, laughing*): Les fruits! (*Speaks to the TV audience with sudden seriousness*) En fait, les fruits sont très importants dans la vie. Et toi, Céline, tu aimes les fruits?

CÉLINE: Ah, oui! J'aime tous les fruits!

CHARLES: Et vous mangez des fruits tous les jours?

CÉLINE: Absolument! Aujourd'hui nous allons examiner beaucoup de fruits populaires pendant notre émission,* **"Faisons la cuisine avec Charles et Céline!"**

CHARLES (*Confidentially*): Alors, moi aussi, je suis très passionné, Céline.

CÉLINE: Alors, ici, dans notre corbeille il y a beaucoup de fruits qui se trouvent dans les supermarchés.

CHARLES: Montrez-nous les fruits, Céline.

CÉLINE: Très bien, Charles. (*To audience*) Et comme toujours, à notre émission nous sommes contents de répondre à vos questions et à vos commentaires. Commençons maintenant avec les pommes. (*Holds up red apple*) C'est une pomme. C'est une pomme rouge.

CHARLES: Est-ce que les pommes sont toujours rouges, Céline?

CÉLINE: Oh, non, Charles! Quelquefois elles sont vertes.

CHARLES: C'est pas possible!

CÉLINE: Oui, Charles! Et quelquefois elles sont jaunes.

CHARLES: Incroyable!

ROLAND: J'ai une question, Céline. Est-ce qu'il y a des pommes bleues aussi?

CÉLINE: C'est une bonne question, mais non, les pommes ne sont jamais bleues. Elles sont toujours rouges, vertes, ou jaunes.

ROLAND (*Carefully mentally digests this information*): D'accord. Merci.

CHARLES: Attendez, Céline. Qu'est-ce que c'est que ça dans la corbeille? Ce n'est pas une pomme orange? (*Picks up an orange*)

CÉLINE: Non, Charles, ce n'est pas une pomme — c'est une orange. Les oranges ont beaucoup de jus. Regardez, Charles, je vais la couper. (*Cuts it in half*) Et maintenant, je vais faire du jus d'orange. (*Squeezes some juice into a glass*).

CHARLES (*Drinks it*): Mmmmm, c'est délicieux! J'aime le jus d'orange!

ISABELLE: Alors, Céline, d'abord je voudrais vous dire que j'aime beaucoup cette émission. Et aussi je voudrais vous dire que quelquefois ma famille prend du jus d'orange au petit déjeuner.

CÉLINE: Très bien! Si votre famille le veut, aussi ils peuvent prendre le jus de fruit l'après-midi ou le soir. C'est délicieux toute la journée!

ISABELLE: Vraiment? Quelle bonne idée! Merci, Céline!

CHARLES: Céline, je vois qu'il y a d'autres fruits dans la corbeille. (*Chooses a lemon*) C'est un citron, n'est-ce pas?

CÉLINE: Oui, c'est un citron et — (*Picks up a lime*) ça, c'est un citron vert — Le citron a autant de jus que l'orange. Je vais la couper. (*She cuts it and squeezes some juice into a glass*)

CHARLES: Jus de citron? Mais, c'est la limonade! Mmmmm! J'aime la limonade. Donnez-m'en!! (*He grabs the glass, CÉLINE grabs it away before he can drink the lemon juice*)

ISABELLE, ROLAND, MÉLANIE: (*All roar with delighted laughter, applaud*)

CÉLINE (*Laughing*): Non, non, non, Charles! Ce n'est pas encore de la limonade. Il faut ajouter de l'eau et du sucre avec le jus de citron pour faire une limonade.

ISABELLE, ROLAND, MÉLANIE: (*Laughing uproariously*)

CÉLINE: Bon, Charles, quoi d'autre est-ce qu'il y a dans la corbeille?

CHARLES *(Holds up banana):* Alors, voici une banane. Savez-vous, Céline, que le public n'achète presque jamais UNE banane? On l'achète toujours en régime.

CÉLINE: Que c'est intéressant, Charles!

MÉLANIE *(Eagerly):* J'ai une question: si on coupe la banane avec un couteau, est-ce qu'on fait du jus de banane?

CHARLES: Bonne question! La réponse c'est "non". Les bananes n'ont pas beaucoup de jus.

MELANIE *(Looks disappointed, confused):* D'accord. Merci.

CÉLINE: Alors, qu'est-ce qu'on fait avec ce fruit si rare, Charles?

CHARLES: Alors, on enlève la pelure* comme ça — *(Demonstrates)* — et on mange.

ISABELLE: Ma tante au Brésil coupe la banane y la met sur ses céréales au lait.

CHARLES *(With intense curiosity):* Comment? Qu'est-ce que votre tante fait avec la banane?

ISABELLE *(Explains slowly with gestures):* Elle coupe la banane et elle la met sur ses céréales au lait.

CHARLES: Quelle idée merveilleuse! Nous apprenons beaucoup sur les autres cultures, n'est-ce pas, Celine?

CÉLINE: Absolument, Charles!

MÉLANIE: J'ai une amie qui met une banane dans son sac pour la manger plus tard chez elle.

CHARLES: Excellent!

ROLAND *(Thinking hard):* C'est possible de manger une banane avant de jouer aux sports?

CHARLES: Oui, bien sûr! Il y a d'autres questions?

ISABELLE: Est-ce qu'on peut utiliser une banane comme téléphone?
(Demonstrates with gestures)

CHARLES *(Looks doubtful):* Je ne crois pas. Une banane n'a pas d'électricité.

MÉLANIE *(Jumps up, speaks excitedly):* Je sais! Je peux mettre une banane dans chaque oreille si je ne veux rien entendre!* *(Demonstrates)* Tout est silencieux!

CHARLES: Hmmm, alors, peut-être... *(Looks doubtful, then changes the subject)* Il y a d'autres fruits dans notre corbeille, Céline?

CÉLINE: Non, Charles, notre corbeille a seulement des pommes, des oranges, des citrons, et des bananes. Mais voici d'autres petits plats de fruits.

CHARLES *(With disbelief)*: Il y a encore des fruits? Impossible!

CÉLINE: Mais oui, Charles, il y a encore des fruits. Sur ce plat on a des raisins blancs et des raisins rouges.

MÉLANIE *(Surprised)*: Quelle est la différence entre les raisins blancs et les raisins rouges?

CÉLINE *(Explains)*: La différence, c'est la couleur. Ceux-ci sont verts, et ceux, là sont rouges.

MELANIE *(Suddenly comprehending)*: Ah, oui! Maintenant, je comprends!

CÉLINE: Ce plat a des fraises. Ces fraises sont très jolies. *(Confidentally)* Mon fruit preféré c'est la fraise.

ISABELLE: Je ne mange jamais de fraises parce que la partie verte a un goût horrible.

CÉLINE: En général on ne mange pas la partie verte.

ISABELLE *(Excitedly)*: Non? Ah, c'est bien! Merci! Je vais manger des fraises demain!

CHARLES: J'en suis désolé, mais on n'a que deux minutes qui nous restent de notre émission **"Faisons la cuisine avec Charles et Céline!"**

ROLAND: Est-ce qu'il y a un fruit très grand?

CÉLINE: Oui, et vous avez de la chance parce que j'en ai un ici. *(Holds up pineapple)* C'est un ananas.*

ROLAND *(Suspiciously)*: C'est un fruit? Ce n'est pas un animal exotique?

CÉLINE: C'est un ananas, et oui, c'est un fruit. C'est un fruit tropical et c'est très populaire.

CHARLES: On a le temps pour une question de plus.

MÉLANIE: Qu'est-ce que je fais si je vais au supermarché et j'achète beaucoup de pommes, de raisins, d'oranges, de bananes, de fraises, et d'ananas, et je veux les manger tous à la fois?

CHARLES *(His brow furrowed)*: Ça, c'est un problème difficile. Céline?

CÉLINE: Ce n'est pas un problème! Dans ce cas, vous pouvez les couper tous et faire une salade de fruits.

MÉLANIE: Une salade de fruits! Formidable! Merci!

CHARLES: Céline, vous êtes la reine des fruits. Je ne sais pas comment vous pensez à toutes ces idées imaginatives!

CÉLINE: Merci, Charles! *(She hands out fruits to cheering guests as CHARLES says his goodbyes and plugs next week's show)*

CHARLES: La semaine prochaine sur **"Faisons la cuisine avec Charles et Céline!"** on va explorer le monde secret du riz. Au revoir, Messieurs, 'Dames! Et rappelez-vous toujours: les fruits sont très importants! A bientôt!

LA FIN

VOCABULAIRE (In order of appearance in the play)

ravie *(f)*	*delighted*
l'émission	*the program*
la pelure	*the peel*
entendre	*to hear*
un ananas	*the pineapple*

10. Un après-midi avec trois amis
❀ Overview ❀

SYNOPSIS: Experience the delightful, mundane adventures of three friends one sunny afternoon.

LANGUAGE OBJECTIVES:
    Vocabulary: adjectives and adverbs (personal descriptions)
    Structures: comparatives and superlatives

PRODUCTION NOTES:

This play is written and should be performed in a surrealistic, rather two-dimensional style, different from all others in this book. The dialogue is highly repetitive, with the actors often reiterating the exact words of the narrator. The narrator should read from his or her script off to the side of the "stage."

IMPORTANT! The three actors, Jean-François, Jean-Paul and Jeannot must overact; **they must exaggerate all gestures, dialogue and expressions.** They make eye contact with the audience whenever they speak. Again, the name of the game is surrealism.

No sets are necessary; however it is very effective to have either surrealistically painted backdrops (either simplistic, cartoonish, or in the style of an Impressionist painter, such as *Henri Matisse,* on sheets behind the performers to denote the different locations: a living room, a kitchen, a neighborhood street and a park.

Props for the entire performance need to be placed within easy reach of the three friends before the play begins. They may be gathered together in an unobtrusive cardboard box or laundry basket.

TO EXTEND THE LENGTH OF THE PLAY:

The three friends meet three pretty girls, eerily similar in stature to the three boys, on their way to the park.

The three boys have little adventures on their way to the park. They pass mountains, zoos, beaches, all of which provoke much additional descriptive dialogue.

TO REDUCE THE LENGTH OF THE PLAY:

Omit the dialogue about the comical hats; dialogue about singing.

10. *Un après-midi avec trois amis*

CHARACTERS: 4 Actors
    LE NARRATEUR (a boy or girl)
    JEAN-FRANÇOIS a boy (the "biggest," tallest and oldest friend, also
        the most conceited.)
    JEAN-PAUL a boy (the "middle" friend)
    JEANNOT a boy (the "smallest" friend)

SETTING: The setting for this play mays be imaginary. Students may
    paint optional backdrops on sheets or butcher paper to represent:
    a living room, a kitchen, a neighborhood street, a park

PROPS: Seven sandwiches, three paper (lunch) bags, stuffed toy cat,
    magazine, TV remote control, mirror, three combs, three silly
    hats, a fake bee, a fake tarantula, a fake snake

AT RISE: *The three friends are sitting on the sofa. They are barefoot but their
tennis shoes are nearby. JEAN-FRANÇOIS flips through a magazine,
JEAN-PAUL tosses a stuffed toy cat in the air and catches it, and JEANNOT
pushes a TV remote control. The narrator, NARRATEUR, always stands
off to the side, removed from the action, reading from his or her script.
Optional living room backdrop hangs behind actors.*

NARRATEUR *(In the bold, happy voice of a radio announcer):* Voilà trois
    amis. Nous allons les connaître. Ce garçon s'appelle Jean-François.
    Jean-François est jeune. Il a quinze ans.

JEAN-FRANÇOIS *(Waves to audience):* Bonjour. Je m'appelle Jean-François.
    J'ai quinze ans.

NARRATEUR: Ce garçon s'appelle Jean-Paul. Jean-Paul est plus jeune. Jean-
    Paul a treize ans.

JEAN-PAUL *(Waves):* Bonjour. Je m'appelle Jean-Paul. J'ai treize ans.

NARRATEUR: Ce garçon s'appelle Jeannot. Jeanne est le plus jeune.
    Jeannot a dix ans.

JEANNOT *(Waves)*:   Bonjour. Je m'appelle Jeannot. J'ai dix ans.

NARRATEUR: Comment sont les amis? Alors, ce sont des amis, mais ils sont très différents. Jeannot est grand.

JEANNOT *(Stands up)*:   Je suis grand. *(Sits down again)*

NARRATEUR: Jean-Paul est plus grand.

JEAN-PAUL *(Stands up)*:   Je suis plus grand. *(Sits down again)*

NARRATEUR: Et Jean-François est le plus grand.

JEAN-FRANÇOIS: *(Stands up, speaks boastfully)* Je suis le plus grand. *(Sits down again)*

NARRATEUR: Les trois amis sont très sympathiques. C'est un bel après-midi et les trois amis sont dans la salle de séjour. Jeannot est très ennuyé* et il lit un magazine.

JEANNOT: Je suis très ennuyé et je lis un magazine.

NARRATEUR: Jean-Paul est très ennuyé aussi et il joue avec le chat.

JEAN-PAUL: Je suis très ennuyé aussi et je joue avec le chat.

NARRATEUR: Jean-François est très ennuyé aussi et il regarde la télé.

JEAN-FRANÇOIS: Je suis très ennuyé aussi et je regarde la télé.

NARRATEUR: Tout à coup* Jean-François a une idée.

JEAN-FRANÇOIS *(Snaps fingers, looks at friends)*: J'ai une idée! Marchons au parc. Faisons un pique-nique là-bas, et après, jouons au basket-ball.

JEAN-PAUL et JEANNOT: Chouette! Quelle bonne idée!

NARRATEUR: Les trois amis courent à la cuisine pour préparer le pique-nique.

JEAN-FRANÇOIS, JEAN-PAUL, JEANNOT: *(Leave props on sofa, stand up, "run" to kitchen)*

NARRATEUR: Jean-François prépare quatre sandwichs parce qu'il a toujours très faim.

Optional backdrop change to kitchen scene

JEAN- FRANÇOIS *(Holds up four sandwiches)*:   J'ai toujours très faim.

NARRATEUR: Jeannot prépare deux sandwichs, parce qu'il a moins faim.

JEANNOT *(Holds up his two sandwiches)*:   J'ai moins faim.

NARRATEUR: Et Jean-Paul seulement prépare un sandwich. Jean-Paul a le moins faim. Il est donc le plus mince des trois amis.

JEAN-PAUL *(Holds up one sandwich):*   Je suis le plus mince des trois amis — mais je suis très beau.

NARRATEUR: Les trois amis mettent les sandwichs dans les sacs à papier. Puis ils se mettent les chaussures.

JEAN-FRANÇOIS, JEAN-PAUL, JEANNOT: *(Place sandwiches in paper bags, put on tennis shoes)*

JEANNOT: Mes chaussures sont grandes et nouvelles.

JEAN-PAUL: Mes chaussures sont plus grandes et plus nouvelles.

JEAN-FRANÇOIS: Mes chaussures sont les plus grandes et les plus nouvelles. Mes chaussettes aussi.

NARRATEUR: Les trois amis ont besoin de se peigner*. Ils se regardent au miroir.

JEANNOT *(As he combs his hair):*   Je suis très beau.

JEAN-PAUL *(As he combs his hair):*   Je suis plus beau.

JEAN-FRANÇOIS *(As he combs his hair)*   Je suis le plus beau et je suis très populaire.

NARRATEUR: Les trois amis se mettent un chapeau.

JEAN-FRANÇOIS, JEAN-PAUL, JEANNOT: *(Put on silly hats)*

JEANNOT: Mon chapeau est drôle*.

JEAN-PAUL: Mon chapeau est plus drôle.

JEAN-FRANÇOIS: Mon chapeau est le plus drôle. Tout le monde m'aime beaucoup.

NARRATEUR: Les trois amis veulent aller à la campagne. Jean-François est impatient.

JEAN-FRANÇOIS: *(Crosses arms, taps fingers)*

NARRATEUR: Jean-Paul est plus impatient.

JEAN-PAUL: *(Taps foot, looks off scowling impatiently)*

NARRATEUR: Jeannot est le plus impatient.

JEANNOT: *(Paces)*

NARRATEUR: Et ils partent. Jean-François, Jean-Paul, et Jeannot, avec leurs sacs à papier et leurs chapeaux drôles.

Optional backdrop change to neighborhood street scene

JEAN-FRANÇOIS, JEAN-PAUL, JEANNOT: *(Start "strolling" down street)*

NARRATEUR: Ils marchent au parc. Tout le monde leur dit "Bonjour" quand ils passent les trois amis. Et les trois amis, parce qu'ils sont très, très sympathiques, répondent toujours: "Bonjour, tout le monde!

NARRATEUR: C'est un bel après-midi et les trois amis sont très contents. Ils veulent chanter.

JEANNOT: Ma voix est belle. Je voudrais chanter une chanson. *(Sings a few bars of any song)*

JEAN-PAUL: Ma voix est plus belle. Je voudrais chanter une chanson aussi. *(Sings a few bars of a different song):*

JEAN-FRANÇOIS: Ma voix est la plus belle. Je voudrais chanter une chanson aussi. *(Sings a few bars of a different song, adds smugly):* J'ai beaucoup de talent.

Optional backdrop change to park scene

NARRATEUR: Les trois amis arrivent au parc. Ils s'assoient* sur un banc propre*. Ils ouvrent leurs sacs à papier et ils mangent des sandwichs. Les trois amis mangent très vite parce qu'ils veulent jouer au basket-ball. Mais, quelle horreur! Ils ont un grand problème!

JEAN-FRANÇOIS, JEAN-PAUL, JEANNOT *(At the same time):* Oh, quelle horreur! Nous avons un grand problème! Nous n'avons pas de ballon!

NARRATEUR: Qu'est-ce qu'ils vont faire maintenant?

JEAN-FRANÇOIS: Je suis très sportif: je vais faire des pompes*. *(He does some push-ups, then adds)* Je suis très fort aussi. *(Flexes muscles)*

JEAN-PAUL: Je suis moins sportif. *(He does some jumping jacks)*

JEANNOT: Je suis le moins sportif, mais je suis très intelligent! *(Puts on glasses, gets out calculator, does sums)*

NARRATEUR: Tout à coup Jeannot voit une abeille sur le banc et il crie fort.

JEANNOT: Aïe!!!

NARRATEUR: Jean-Paul voit un arachide* sur le banc et il crie plus fort.

JEAN-PAUL: Aïeeeee!!!!!

NARRATEUR: Tout à coup Jean-François voit un serpent sous le banc et il crie le plus fort.

JEAN-FRANÇOIS: Aaaauiieeeeeeeee!!!!!!!!!

NARRATEUR: Et ils courent du parc.

JEAN-FRANÇOIS, JEAN-PAUL, JEANNOT: *(Start "running" in place with frightened expressions)*

NARRATEUR: Jeannot court vite parce qu'il est timide.

JEANNOT: Je suis très timide!

NARRATEUR: Jean-Paul court plus vite parce qu'il est plus timide.

JEAN-PAUL: Je suis plus timide!

NARRATEUR: Et Jean-François court le plus vite parce qu'il est le plus timide.

JEAN-FRANÇOIS *(Yells hysterically):* Je ne veux pas mourir!! Maman!!!

Optional backdrop back to living room scene

NARRATEUR: Les trois amis arrivent à la maison. Ils s'assoient sur le sofa et ils ne disent rien.

JEAN-FRANÇOIS, JEAN-PAUL, JEANNOT: *(Collapse on sofa, in same order and position as AT RISE)*

NARRATEUR: Jean-François est fatigué et il fredonne* une chanson.

JEAN-FRANÇOIS: *(Hums)*

NARRATEUR: Jean-Paul est plus fatigué et il lit un magazine.

JEAN-PAUL: *(Flips through magazine pages)*

NARRATEUR: Mais Jeannot est le plus fatigué parce que Jeannot est.....endormi.

JEANNOT: *(Sleeping)*

LA FIN

VOCABULAIRE: (in order of appearance in the play)

ennuyé	*bored*
tout à coup	*all of a sudden*
se peigner	*to comb one's hair*
drôle	*funny*
s'assoient	*sit*
propre	*clean*
pompes	*push-ups*
abeille	*bee*
arachide	*spider*
fredonner	*to hum*

11. Le restaurant "L'Omelette Extraordinaire"
○ Overview ○

SYNOPSIS: Louise has the dubious pleasure of serving breakfast to Monsieur Cauvin and his annoying "friend," Didier.

LANGUAGE OBJECTIVES:
   Vocabulary: breakfast foods
   Structures: common phrases for ordering and dining out in a restaurant

---

PRODUCTION NOTES:
   This play begins as a charming, friendly little breakfast scene and slowly descends into a lesson in frustration somewhere in the Twilight Zone.
   Monsieur Cauvin has a very demanding role, both in acting and in the large amount of dialogue he speaks. In the beginning he is just a regular guy having breakfast in a new restaurant. Gradually his eccentricities become more and more evident. Monsieur Cauvin must believe that there really is a friend "Didier" sitting next to him.
   The food items should all be prepared and on the countertop at the beginning of the skit.

TO EXTEND THE LENGTH OF THE PLAY:
   Add more customers to the restaurant, seated at additional tables, all needing Louise's immediate attention.
   Add an additional waitress or a cook in the kitchen with whom Louise may commiserate.

TO REDUCE THE LENGTH OF THE PLAY:
   Omit the roles of Monsieur and Madame Duval.

STAGING
SUGGESTION:

11. Le restaurant "L'Omelette Extraordinaire"

CHARACTERS: 4 Actors
> LOUISE (a perky, down-to-earth waitress)
> MONSIEUR CAUVIN (a friendly, but eccentric customer)
> MONSIEUR DUVAL (a rather loud, nosy regular customer)
> MADAME DUVAL (MONSIEUR DUVAL's loud, pushy wife)

SETTING: The dining room of the restaurant "L'Omelette
> Extraordinaire" includes at least two 4-top tables (may be card
> tables with tablecloths), set with salt and pepper shakers, sugar
> packets, napkins and silverware, at least two chairs per table, a
> countertop near "kitchen" (which is off-stage)
> Optional backdrop: an attractive sign that says "L'Omelette
> Extraordinaire"
> Also optional: posters that list today's special, kids' meal menus, and
> so on

PROPS: Table settings (see "SETTING" above), two menus, an order pad
> and pencil, a dinner plate with an omelet and toast with butter and
> marmalade, three bowls of oatmeal (one bowl must be <u>blue</u>), one glass
> of orange juice, coffee pot, two coffee cups and saucers, a newspaper,
> two glasses of water

AT RISE: *MONSIEUR and MADAME DUVAL are seated together at their table,
eating breakfast, drinking coffee and reading the newspaper. MONSIEUR
CAUVIN enters the restaurant, looks around, chooses a table and sits down.
LOUISE, with a pencil behind her ear and holding an order pad, walks over
to his table.*

LOUISE *(In a perky, friendly voice)* :   Bonjour, Monsieur.

M. CAUVIN *(Congenially):*   Bonjour, Mademoiselle.

LOUISE: Soyez le bienvenu, Monsieur, dans notre restaurant.

M. CAUVIN: Merci, Mademoiselle. J'aime le nom de votre restaurant **"L'Omelette Extraordinaire."** Je suppose qu'on sert des omelettes délicieuses, n'est-ce pas?

LOUISE *(Laughing):* Bien sûr, Monsieur. Tous les repas ici sont délicieux. Les oeufs sur le plat sont délicieux. Je recommande aussi les oeufs brouillés*, mais les omelettes sont notre spécialité.

M. DUVAL *(Calls over):* Encore du café, Mademoiselle, s'il vous plaît!

LOUISE *(Calls back):* Oui, un moment, Monsieur. *(To M. CAUVIN)* C'est la première fois que vous venez au restaurant **"L'Omelette Extraordinaire"**, Monsieur?

M. CAUVIN: Oui, Mademoiselle. Je n'habite pas cette ville. Je fais un voyage maintenant.

MME. DUVAL *(Calls over):* Mademoiselle! Encore du pain, s'il vous plaît!

LOUISE *(Calls back):* Oui, Madame, un moment. *(To M. CAUVIN)* Vous voulez déjeuner, Monsieur?

M. CAUVIN: Oui, Mademoiselle. La carte, s'il vous plaît.

LOUISE *(Walks to counter, picks up a menu and returns with it):* Voila la carte du jour, Monsieur.

M. CAUVIN: Merci, Mademoiselle, mais j'ai besoin de deux cartes. Une carte pour moi et une pour mon copain.

LOUISE *(In a surprised voice):* Votre copain? Désolé, Monsieur, mais je ne le vois pas.

M. CAUVIN: Alors, je n'aime pas voyager tout seul. Je voyage toujours avec un copain. Et maintenant nous avons très faim!

LOUISE: Un moment, s'il vous plaît. *(Gets coffee pot from counter, refills M. DUVAL's cup, brings toast and butter to MME. DUVAL, brings another menu to M. CAUVIN)* Une carte pour votre copain, Monsieur.

M. CAUVIN: Merci. *(He opens menu, places it at next table setting)*

LOUISE *(Gets two glasses of water, returns to M. CAUVIN's table):* Voilà une carafe d'eau pour vous deux. Où est votre copain, Monsieur? Il est aux toilettes?

M. CAUVIN *(Miffed):* Aux toilettes? Mais non, il n'est pas aux toilettes! Le voici! *(Motions vaguely)*

LOUISE: Est-ce que vous voulez commander maintenant, Monsieur, ou préférez-vous attendre votre copain?

M. CAUVIN *(Pleasantly)*: Nous voudrions commander maintenant. Nous sommes prêts.

LOUISE *(Confused)*: Vous voulez commander maintenant? Je ne vois pas encore votre copain. *(Pauses)* Très bien. Qu'est-ce que vous voulez prendre?

M. CAUVIN: Je voudrais une omelette jambon-fromage. Une omelette n'est qu'une crêpe aux oeufs, n'est-ce pas?

LOUISE: Exactement, Monsieur.

M. CAUVIN: Parfait. Je voudrais du pain grillé aussi.

LOUISE *(Writes on order pad)*: Très bien. Est-ce que vous voulez du beurre ou de la confiture avec le pain grillé,* Monsieur?

M. CAUVIN: Oui, je voudrais de la confiture et du beurre, et qu'est-ce que vous avez comme fruits?

LOUISE: On a aujourd'hui des pamplemousses, des bananes, du melon, et des fraises.

M. CAUVIN *(Pondering)*: Non, non, je ne prends pas de fruits. Qu'est-ce que vous avez comme jus de fruit?

LOUISE: On a jus de tomate, du jus d'orange, et du jus de raisin, Monsieur.

M. CAUVIN: Excellent. Un grand verre de jus d'orange, s'il vous plaît.

M. DUVAL *(Waves coffee cup)*: Mademoiselle! Encore du café, s'il vous plaît.

MME. DUVAL: Mademoiselle! Encore du pain grillé avec du beurre, s'il vous plaît!

LOUISE: Un moment, M'sieur, dame. Et qu'est-ce que votre copain veut prendre, Monsieur?

M. CAUVIN: Je ne sais pas ce qu'il veut prendre. Pourquoi ne lui demandez-vous pas? *(Motions to empty chair beside him)*

LOUISE *(Cautiously)*: Monsieur, où est votre copain? Je ne le vois pas.

M. CAUVIN *(Explosively)*: Alors, écoutez. Le voici avec moi. Ne le voyez-vous pas? Vous l'insultez! Quelle question ridicule!

M. ET MME. DUVAL *(Drop everything they're doing and stare at M. CAUVIN with total fascination)*

LOUISE *(Looks at empty chair, speaks with an unsure voice):* Bonjour —
Comment allez-vous? Qu'est-ce que vous voulez prendre?

M. CAUVIN *(Listens to his invisible companion's answer, then gently argues with him):* Comment? Tu ne veux que de la céréale avec une banane?*(Pauses, listens)* Non, il faut que tu manges plus. J'insiste! Tu n'as pas d'argent? Ça ne fait rien! Je paie l'addition* aujourd'hui. Ecoute, au moins il faut que tu manges de la céréale chaude. D'accord? *(Listens)* Très bien. Alors, dites ça à la serveuse. *(Smiles apologetically at LOUISE , then talks again to invisible friend)* Pourquoi tu ne veux pas parler à la mademoiselle? Elle est très sympathique. . . Comment? Tu es timide? Mais, c'est ridicule! *(To LOUISE)* J'en suis désolé, mais mon copain ne veux pas vous parler. Il veut prendre un grand bol de céréale chaude.

LOUISE: Votre copain voudrait un bol de céréale chaude?

M. CAUVIN: Oui, s'il vous plaît. Un grand bol.

LOUISE: Très bien . . . Il s'appelle comment, votre copain?

M. CAUVIN: Il s'appelle Didier.

LOUISE: Ahh . . . Didier! Est-ce que Didier voudrait du beurre avec la céréale chaude?

M. CAUVIN: Je ne sais pas. Didier, veux-tu du beurre avec la céréale chaude? *(Listens, nods)* Oui, Didier voudrait du beurre. *(Listens again)* Il voudrait du sucre aussi.

MME. DUVAL *(Calls over helpfully):* Le sucre est sur la table, Monsieur.

M. DUVAL: Oui, il est à côté du sel et poivre.

M. CAUVIN: Merci.

LOUISE *(Consults her order pad):* Bon, vous voulez prendre une omelette jambon-fromage, du pain grillé avec du beurre et de la confiture, et un grand verre de jus d'orange. Et votre copain....

M. CAUVIN *(Encouragingly):* Didier.

LOUISE: Oui, Didier voudrait un bol de céréale chaude avec du beurre.

M. DUVAL: Un grand bol.

MME. DUVAL: Avec du sucre.

QUINZE MINUTES PLUS TARD

LOUISE: Voilà, Monsieur. Une omelette jambon-fromage, du pain grillé avec du beurre et de la confiture, et un verre de jus d'orange. Attention! Le plat est très chaud. Et pour. . .

M. CAUVIN: Didier.

LOUISE: Oui, pour *(Clears throat)* Didier, un grand bol de céréale chaude. Bon appétit! *(Exits to "kitchen")*

M. CAUVIN: *(Starts eating and drinking)*

MME. DUVAL *(Loudly, in a fake tone of voice):* Je vais aux toilettes, chéri. *(Stands and walks by M. CAUVIN's table, staring hard at Didier's chair, exits)*

LOUISE: *(Enters, returns to M. CAUVIN's table):* Ça vous plaît, Monsieur?

M. CAUVIN: Alors, *(Wipes mouth delicately with napkin):* mon repas* est délicieux, mais Didier n'aime pas le sien.*

LOUISE: Pourquoi est-ce que Didier n'aime pas son repas?

M. CAUVIN: Didier dit que la céréale a trop de sel. Didier veut un autre bol de céréale chaude, s'il vous plaît.

LOUISE: Très bien. *(Exits with bowl)*

MME. DUVAL *(Returns, passes pointedly by Didier's chair):* Pardon, Didier.

LOUISE *(Enters, sets new bowl of oatmeal on M. CAUVIN's table):* Encore un bol de céréale chaude pour Didier. *(Waits, expectantly, arms, crossed)* Il aime la céréale maintenant?

M. CAUVIN *(Sheepishly):* Désolé, mais Didier dit que maintenant la céréale est très froide et qu'elle a un goût* curieux.*

LOUISE *(Takes offense):* Les plats du restaurant **"L'Omelette Extraordinaire"** n'ont pas de "goût curieux", Monsieur! Ils ont toujours un goût délicieux!

M. CAUVIN *(Sternly to Didier):* Ce n'est pas un goût curieux, Didier, c'est un goût délicieux! *(Listens)*

LOUISE: Comment? Qu'est-ce que Didier dit maintenant?

M. CAUVIN: Didier veut un autre bol de céréale chaude.

LOUISE: Un autre bol de céréale chaude!

M. CAUVIN: Oui, s'il vous plaît. Encore de la céréale chaude, mais cette fois sur une assiette* bleue.

LOUISE (*Fuming*): Très bien. (*Stomps off, returns with blue bowl, slams it on the table, waits*) Il aime la céréale maintenant?

M. CAUVIN: Non, hélas. Il dit que la céréale a l'air affreux dans un bol bleu. Il dit qu'il ne veut plus de céréale. Il dit qu'il voudrait manger des oeufs brouillés.*

M. DUVAL (*Calls over*): Les oeufs brouillés sont excellents.

MME. DUVAL: Avec des pommes de terre aussi!

LOUISE (*Furiously*): Donnez-moi ce bol de céréale!

M. CAUVIN (*Scolding*): Tiens, Didier. Maintenant la serveuse sympathique est vexée.* Tu n'es jamais content de tes repas. Tu causes toujours des problèmes au restaurant. (*Exasperated*) Qu'est-ce que je vais faire avec toi? (*Sighs, shakes head in resignation, then speaks to LOUISE*) L'addition, s'il vous plaît.

LOUISE: Très bien. (*Angrily pulls bill off pad, gives it to M. CAUVIN*): Voilà l'addition, Monsieur.

M. CAUVIN (*Waves bill away, stands up, points to empty chair*): S'il vous plaît, donnez l'addition à Didier. Il cause tant* de problemes que c'est lui qui va payer l'addition aujourd'hui. Merci! Au revoir, Mademoiselle! (*M. CAUVIN exits purposefully, leaving LOUISE and M. and MME. DUVAL motionless, mouths open in disbelief*)

LA FIN

VOCABULARY: (in order of appearance in the play)

le pain grillé	*the toast*	vexée (f)	*angry*
l'addition	*the check, bill*	tant	*so many*
le repas	*the meal*		
le sien	*his (own)*		
le goût	*the flavor*		
curieux	*curious, strange*		
une assiette	*a plate*		
les oeufs brouillés	*the scrambled eggs*		

12. *Les tâches domestiques*
✔ *Overview* ✔

SYNOPSIS: Mom requests help with the chores, but everyone in the family is too busy. Mom has the final revenge.

INSTRUCTIONAL OBJECTIVES:
   Vocabulary: household chores, articles, rooms in house
   Structures: use of the imperative

PRODUCTION NOTES:

Maman may emphasize her bedraggled condition by wearing an old housedress and having her hair in curlers.

The dining room should be rather messy. Scatter additional props from home around the living room set to amplify this condition.

TO EXTEND THE LENGTH OF THE PLAY:

Add a third child who does not want to wash/dry/fold the laundry
Add a grandmother who does not want to wash to dishes.

TO REDUCE THE LENGTH OF THE PLAY:

Omit Maman's repetitive dialogue. (She always reiterates all the chores for the instructional purpose of reinforcement of vocabulary).

STAGING
SUGGESTION:

12. *Les tâches domestiques*

CHARACTERS: 4 Actors

   MAMAN (overworked, under-appreciated, but resourceful)
   PAPA (self-proclaimed king of the household)
   MONIQUE (their self-absorbed and mellow teenage daughter)
   FABRICE (their typical eleven year old son)

SETTING: a comfortable living room: contains a sofa, an armchair, a rug, a coffee table

PROPS: apron, list of chores, newspaper, vacuum cleaner, fingernail polish, broom, small radio/cassette player & earphones, building toy, duster, chocolate cake, one plate, knife, fork, napkin, various books, drinking glasses, bowl of popcorn

AT RISE: *The family is sprawled out in the living room. PAPA lounges in the armchair reading the newspaper. MONIQUE is settled on the sofa, polishing her fingernails. FABRICE is wearing earphones and listening to music while sitting on the rug and building something. Books, drinking glasses, and a bowl of popcorn are spread out on the coffee table. Some popcorn has spilled on the rug. MAMAN enters the living room, wearing an apron, holding a small vacuum cleaner, and looking rather harried.*

<u>NOTE:</u> *In this initial speech, MAMAN attempts to evoke a reaction from her family. She pauses expectantly after each sentence, but the family never responds or even acknowledges her presence.*

MAMAN: Je suis très fatiguée . . . j'ai mal au dos. . .(*Looks at each family member*) Je suis très fatiguée de faire le ménage.* Vous savez que les grands-parents vont arriver demain . . . (*To PAPA*): **ta** maman, **ton** papa, **chéri,** et ils n'aiment pas voir une maison sale. . . alors, qui veut faire le ménage? J'ai une liste de tâches domestiques: il faut balayer le plancher,* passer l'aspirateur, enlever la poussière, sortir les poubelles, et enfin, faire un gâteau au chocolat. (*Sarcastically*) **Salut!** Est-ce que j'ai une famille? (*She sighs* *dramatically, tries half-heartedly to clean up the coffee table, then addresses PAPA):* Chéri, s'il te plaît, veux-tu passer l'aspirateur?

PAPA: *(Looks up from newspaper at MAMAN as if she were crazy)*

MAMAN: Oui, **toi**, chéri, veux-tu passer l'aspirateur?

PAPA *(Aghast):* Mais je suis le père!

MAMAN: Oui, alors?

PAPA: Je suis le père de la maison et il faut que je me repose. Il faut que je lise le journal. C'est très important. *(He resumes reading)*

MAMAN *(Moves newspaper aside with vacuum cleaner hose):* S'il te plaît, chéri, passe l'aspirateur.

PAPA: Où est-ce que je passe l'aspirateur?

MAMAN: Dans toute la maison, mais surtout ici au salon où c'est si sale.*

PAPA *(Looks at rug with spilled popcorn, looks back at MAMAN, speaks innocently):* Le salon n'est pas sale. Il est propre.* *(Resumes reading paper)* Je vais passer l'aspirateur, mais maintenant je suis très occupé. Peut-être demain, ma chérie . . .

MAMAN *(Wryly):* Mon mari ne va pas passer l'aspirateur. Eh bien, il faut que je passe l'aspirateur. Monique, ma fille, voilà le balai.* S'il te plaît, veux-tu balayer le plancher de la cuisine?

MONIQUE *(Speaks while never taking her eyes off the fingernails she is polishing):* Oui, maman, je peux balayer le plancher.

MAMAN *(With gratitude):* Merci. Prends le balai.

MONIQUE: Je vais balayer le plancher, Maman, mais pas maintenant. C'est impossible. *(Admires nails)* Je viens de me vernir les ongles* et je ne peux pas balayer le plancher.

MAMAN: Monique, ma fille, ça ne prend que dix minutes pour balayer la cuisine!

MONIQUE *(Innocently):* Maman, je veux balayer le plancher, mais les ongles sont très délicats. Balayer est très dangereux pour mes ongles en ce moment. Je peux le faire demain. Je te promets, Maman!

MAMAN: Demain c'est très tard pour balayer le plancher, parce que tes grands-parents arrivent demain. *(Sighs, very much the martyr)* Ma fille ne va pas balayer le plancher.

FABRICE: *(Rocks to music, builds his toy, doesn't hear MAMAN due to earphones)*

MAMAN *(Louder):* Fabrice, veux-tu sortir les poubelles,* s'il te plaît?

FABRICE: *(Still doesn't hear her)*

MAMAN (*Lifts up earphone and yells into his ear*): **Fabrice, veux-tu sortir les poubelles, s'il te plaît?**

FABRICE (*Jumps, startled*): Maman! Tu me fais peur!

MAMAN (*Softly*): Fabrice, veux-tu sortir les poubelles, s'il te plaît?

FABRICE: Quelles poubelles, Maman?

MAMAN: Toutes les poubelles de la maison: de la cuisine, des salles de bain, des chambres....

FABRICE: Mais tout ça --ce ne sont pas MES poubelles, Maman!

MAMAN: Ça ne fait rien....

FABRICE: Vas-tu me payer?

MAMAN: Fabrice, quelle horreur! C'est la seule tâche domestique que tu as!

FABRICE (*Quickly, placatingly*): Maman, je veux sortir les poubelles. Ça me plaît de sortir les poubelles. Mais....

MAMAN: Oui?

FABRICE: C'est que je veux écouter de la musique et jouer un peu plus maintenant. Mais plus tard, Maman. Je te promets! Je vais sortir les poubelles plus tard. (*He happily resumes listening to his headphones and building his toy*)

MAMAN (*Loudly, to herself*): Mon fils ne va pas sortir les poubelles. C'est à **moi** de sortir les poubelles, de balayer le plancher, et de passer l'aspirateur.

PAPA (*Distractedly, without looking up from newspaper*):   Merci, chérie.

MAMAN (*Glares at PAPA, consults list again, then asks with false gaiety*): Qui va enlever la poussière des meubles? Ce n'est pas difficile d'enlever la poussière. Tu prends un chiffon . . . (*Picks up duster from coffee table and demonstrates with exaggeration and sarcasm*) et tu enlèves la poussière de la table . . . des chaises . . . des lampes . . . du visage de ton fils! (*Deliberately tickles FABRICE's face with duster*)

FABRICE: Maman!

MAMAN: Et tu enlèves la poussière du sofa . . . et (*With sudden venom*) des ongles de la fille! (*Wipes MONIQUE's fingers with duster*)

MONIQUE: Maman! Mes ongles!

MAMAN: Et tu enlèves la poussière du fauteuil . . . et des livres . . . et du journal de papa! (*She attacks newspaper with duster*)

PAPA: Chérie, s'il te plaît! Je veux lire le journal! (*PAPA, MONIQUE and FABRICE resume prior inert positions*)

MAMAN: Alors, est-ce que je comprends bien? C'est à **maman** de sortir les poubelles et balayer le plancher. C'est à **vous** de **vous** reposer. C'est à **maman** de passer l'aspirateur et d'enlever la poussière. Et encore, c'est à **vous** de **vous** reposer. C'est à **maman** de faire le gâteau au chocolat...

PAPA *(Looks up abstractedly, oblivious to her raving):* Chérie, veux-tu m'apporter une tasse de café, s'il te plaît?

MAMAN *(Disgusted):* Oh, quelle famille! Je suis fatiguée! Je vais faire le gateau au chocolat. *(MAMAN exits)*

UNE HEURE PLUS TARD

MAMAN enters, humming contently, carrying a beautiful cake, one plate, one knife, one fork and one napkin. PAPA, MONIQUE and FABRICE look up and follow her every move. She carefully places the cake on the table, sits down, spreads the napkin in her lap and proceeds to cut a generous slice of cake. She savors each bite slowly. The family gathers around her attentively.

PAPA: Chérie, quelle bonne cuisinière* tu es! S'il te plaît, donne-moi un morceau* de gâteau.

FABRICE: J'ai faim, Maman. S'il te plaît, donne-moi un morceau de gâteau.

MAMAN: Oh non, chéri. Il faut que tu lises le journal. Et Monique, une fourchette est très dangereuse pour les ongles. Et Fabrice, si tu manges un morceau de gâteau, tu ne peux pas te concentrer sur ta musique. *Savors another bite of cake)* Ecoutez. Si vous voulez manger un morceau de gâteau — voilà la cuisine. Bonne chance! Ce gâteau est à **moi!**

LA FIN

VOCABULAIRE (in order of appearance in the play)

les tâches *(in title)*	*the chores*	la poubelle	*the waste basket*
le ménage	*the housework*	le morceau	*the piece, slice*
balayer le plancher	*to dust*	la cuisinière	*the cook*
enlever la poussière	*sweep the floor*		
sale	*dirty*		
propre	*clean*		
vernir les ongles	*to polish one's nails*		

The Magic of Music and Theater in the Language Classroom

Workshops by Patti Lozano

Patti Lozano is a television teacher in Houston, and a well-known author, composer and national language consultant for several publishers.

Her energetic innovational workshops may include:

✿ *Chanting innovations and techniques*
✿ *Creative activities with flashcards and manipulatives*
✿ *Improvisation*
✿ *Role-playing*
✿ *Choreography to enhance language retention*
✿ *Total Physical Games*
✿ *Storytelling strategies*
✿ *Songs to enhance grammatical concepts*
✿ *Drawing activities*
✿ *Communicative and paired activities derived from songs*
✿ *Listening comprehension boosters*
✿ *Exploration of legends and cultures*
✿ *Acting techniques/bringing a script to life*

Request examples in Spanish, English, French and/or German
✓ Elementary, Middle or High School

Design and customize the workshop that will bring the maximum benefit to your classes and teachers!

For more information call: Dolo Publications, Inc.
Patti Lozano   PH: 281/463-6694
E-mail: dolo@wt.net OR plozano@swbell.net
FAX: 281/463-4808

Information and Order Page

Mighty Mini-Plays
for the
Spanish - French - German
Classroom

Dolo Publications, Inc.
12800 Briar Forest Dr. #23
Houston, Texas 77077
Tel. (281) 493-4552 or (281) 463-6694
FAX (281) 679-9092 E-mail dolo@wt.net

Order Number:
_____

Send to:

Name: _____

School: _____

District: _____

Address: _____

City: _____ State: _____ Zip Code: _____

Quantity	Description	Unit Price	Total
	Spanish	$19.95	
	French	$19.95	
	German	$19.95	
Shipping & Handling 10%, $3.50 minimum			
Add 8.25% sales tax when applicable			
Total			

<u>NOTE:</u> If this order is being purchased by a school district, please enclose Purchase Order. Sales tax not applicable. Allow 3 weeks for delivery. Thank you.

Limited Sales, Excise and use Tax Resale/Exemption Certificate
I hereby certify that all of the items purchased by me from Dolo Publications, Inc. are:

_____ TAXABLE   _____ NON-TAXABLE

If exempt, state reason: _____ TAX NUMBER _____

Name:_____
          (Signature)   (Title)   (Date)